W0378545

Die einfache Bedienungsanleitung für glückliche Trennungskinder

Kinder zitieren dich selten falsch.
In der Regel wiederholen sie
Wort für Wort,
was du nicht gesagt haben solltest.
Unbekannt

Gunnar R. Keßler

Die einfache Bedienungsanleitung für glückliche Trennungskinder

Was Mütter und Väter DRINGEND tun MÜSSEN, damit ihre Kinder nicht (mehr) unter der Trennung leiden

www.GluecklicheTrennungsKinder.de

Ausführliche Informationen über den Autor und seine Bücher sowie weitere Werke findest du auf der Webseite

www.GluecklicheTrennungsKinder.de

Ungekürzte Ausgabe 2013
Gunnar R. Keßler Coaching Berlin

10719 Berlin
Umschlagkonzept: Graphic Touch Media

Umschlagfoto: © *WavebreakmediaMicro*
Verlag: Bluepoint Publishing Ltd.
Printed in Germany ISBN 978-3-03799-306-4

Inhalt

Vorwort

von Corina, Mutter eines Sohnes

Genau das wollte ich meinem eigenen Kind doch ersparen ...

Nach der Trennung meiner Eltern wusste ich damals eigentlich nur eines: Das wirst du deinen eigenen Kindern niemals antun – dieser Hass, diese Leere – und was passierte ziemlich genau 20 Jahre danach? Genau, mein Sohn war noch nicht einmal ein Jahr auf dieser Welt und es kam doch dazu – ich verließ den Vater meines Kindes. Im ersten Moment dachte ich mir, c'est la vie – so spielt das Leben, doch mittlerweile bin ich mir sehr sicher, es musste so kommen. Die Gründe für eine Trennung mögen bei jedem andere sein, doch das Ergebnis für die Kinder ist immer das gleiche: Mama oder Papa sind weg und was nun?!

Ich selbst litt noch ein ganzes Jahr nach der Trennung so sehr darunter, dass ich ehrlich gesagt kaum in der Lage war zu erkennen, was eigentlich in meinem Kind vorging. Sicher, ich versorgte ihn, ich gab ihm auch jede Menge Liebe, doch für das eigentliche Problem verschloss ich mich noch immer. Und doch waren da auch andere Gedanken schon in meinem Hinterkopf, Gedanken wie „Sprich niemals abfällig über seinen Vater in seiner Gegenwart" – denn das hatte mir als Kind selbst am meisten zugesetzt. Dieser erste Gedanke brachte mich auf den Weg und ich suchte nach einer Lösung. Genau wie du! Denn schließlich hast du dieses Buch gekauft und zu diesem Schritt beglückwünsche ich dich schon jetzt!

Als mein Bruder an mich herantrat mit der Idee, ein Buch über (glückliche) Trennungskinder zu schreiben, da fiel mir fast ein Stein vom Herzen – endlich würde jemand dieses Thema in Angriff nehmen. Wie lange war ich auf der Suche nach einem ähnlichen, ehrlichen und vor allem authentischen Ratgeber und jetzt sollte er aus der eigenen Familie kommen ... Sicher, auch mir waren die wahnsinnigen Fortschritte in seiner Beziehung zu meiner Nichte und vor allem meiner Exschwägerin aufgefallen, doch als ich es dann zu Lesen bekam, mit welchen einfachen Methoden es möglich war, da hat es mich fast umgehauen. Und ich machte mich sofort mit meinem eigenen Sohn an die Umsetzung.

Es ist atemberaubend zu erleben, welche riesigen Auswirkungen schon eine winzig kleine Veränderung bewirken kann, und ich wünsche dir und mir von Herzen, dass wir in gar nicht allzu langer Zeit zurückblicken werden und gemeinsam dafür dankbar sind, dass es diesen Ratgeber und diese Community gibt und vor allem: dass unsere Kinder ein erfülltes, von emotionalem Ballast befreites und glückliches Leben leben!!!

Mein Tipp noch an dich: die wichtigste Lektion, die du lernen kannst: Gib dein Ego an der Tür ab – als ich dies endlich verinnerlicht hatte, war alles andere ein Kinderspiel ...

Mit den besten Wünschen

Corina

Widmung

Dieses Programm ist all den Kindern dieser Welt gewidmet, welche vom Leben die Aufgabe gestellt bekommen haben, mit getrennten Eltern aufwachsen zu müssen, ebenso wie meiner Tochter Jil, die eine große Lehrerin für mich war. Ohne sie wäre weder dieses Programm noch die Erfüllung meiner Lebensaufgabe, den Trennungskindern dieser Welt zu helfen, ein emotional freies Leben in Einklang mit sich selbst und ihren Eltern zu leben, möglich gewesen.

Die Scheidungsrate in Deutschland liegt seit 2001 ununterbrochen bei über 50 Prozent. Knapp die Hälfte der in 2010 geschiedenen Ehepaare hatte minderjährige Kinder.

In diesen Statistiken nicht erwähnt sind die unzähligen Trennungen von jungen Eltern mit Kindern, die nicht verheiratet waren. Hier liegt die Trennungsrate bei traurigen 87 %.

Somit haben wir Millionen von Kindern, die nicht in den Genuss einer Erziehung und Prägung durch Mutter und Vater kommen.

Doch muss dies überhaupt so sein? Haben diese Kinder nicht auch verdient, sich bestmöglich zu entwickeln? Es scheint, als müssten diese Kinder allein mit ihrem Schicksal fertig werden, die ihnen vom Leben bereits in jungen Jahren gestellte schwere Aufgabe allein meistern.

Dieses Programm hat das Ziel, diese Kinder zu unterstützen und ihnen die Möglichkeit zu geben, trotz Trennung ihrer Eltern ein friedvolles, ganzheitliches, glückliches Leben zu leben.

Lasst uns gemeinsam diesen Kindern helfen ...

Doch was ist mein Background, wo kommt mein Wissen her? Habe ich Psychologie studiert?

Ich bin grundehrlich mit dir: Ich bin kein studierter Psychologe! Ich habe nicht zehn Jahre an der Uni gesessen, um zu erfahren, wie Erwachsene und Kinder theoretisch funktionieren, denken und handeln.

Mein Wissen kommt nicht aus Büchern oder von Theoretikern, die seit zehn Jahren oder länger nicht mehr in der Praxis, sondern nur noch in Hörsälen unterwegs sind. Mein Wissen ist nicht gefiltert durch ein Bildungssystem, das einfache Dinge so lange verkomplizieren muss, damit diejenigen, die sie verbreiten, besonders gebildet und schlau erscheinen. Mein Wissen kommt aus dem Alltag, aus der Praxis. Ich habe es erlebt, gelebt und vom Leben gelernt.

Hätte ich es studiert, so würde in meinem Buch nur das stehen, was in allen anderen Lehrbüchern ohnehin schon steht. Stattdessen habe ich die Realität und das Leben studiert und es gemeistert. In der Praxis musste ich finden, was funktioniert, es anwenden und sofort unter den Beweis der Funktion stellen.

Die von mir dargelegten Wege, Strategien und Vorschläge sind keine Theorie, sondern mehrfach erprobtes Praxiswissen!

Das hier ist nicht der Stoff, der Bücher toll klingen lässt, der dem Autor einen Expertenstatus bringen soll, indem man ihn so komplex vorträgt, dass der Leser die Kompetenz des Autor bewundert, aber keine Ahnung hat, was eigentlich gemeint ist und wie er es im Alltag anwenden soll. Nein, dieser Stoff hier muss, soll und wird da draußen im wahren Leben auf der Straße und in deinem Alltag funktionieren.

Mein Wissen muss nicht besonders toll und nach geschwollenem „Fachchinesisch" klingen, damit ich als Fachmann angesehen werden kann. Mein Wissen musste und muss sich jeden Tag neu als praxisnah und anwendbar für jede Mutter und jeden Vater erweisen. Dieses Wissen soll den Kindern, Müttern und Vätern dieser Welt dienen und für sie reproduzierbar sein. Jeden Tag aufs Neue und von jedem, der dieses Buch liest und mein Programm durcharbeitet.

Natürlich musste ich mich, um all diese Erkenntnisse zu gewinnen, auch in eine Ausbildung begeben, musste viel darüber lernen, wie Menschen ticken. Was Mütter und Väter dazu treibt zu handeln, wie sie handeln. Mich beschäftigten schon in frühem Kindesalter die Fragen „Warum handeln die Menschen, wie sie handeln?", „Warum reagieren die Menschen, wie sie reagieren?", „Warum reagieren Menschen unterschiedlich und nicht gleich auf ein und dieselbe Situation?".

Über die Jahre las ich mehr als 100 Bücher über Psychologie, menschliches Verhalten, Kindeserziehung und Persönlichkeitsentwicklung.

Zusätzlich besuchte ich mehr als 50 hochwertige Psychologie- und Coachingseminare, absolvierte verschiedenste Coachingausbildungen mit Praxisbezug. Vom ersten Tag an wurden mein Handeln und die Effizienz an „Real-life-Menschen" geprüft und an Erfolgen bewertet, an sichtbaren Veränderungen und Resultaten im Leben der Menschen, mit denen ich arbeitete, und nicht in schriftlichen Tests in einem Hörsaal.

So absolvierte ich im Jahre 2009 die wohl weltweit effektivste Psychologieausbildung außerhalb einer staatlichen Uni, beim Begründer der Six-Human-Needs-Psychologie (deutsch: Sechs-Menschliche-Grundbedürfnisse-Psychologie) an der Leadership Mastery University von Tony Robbins und arbeitete dort fortan als Senior Leader.

Die Wände in meinem Büro schmücken keine Zertifikate, sondern Dankschreiben von echten Menschen, deren Leben ich massiv positiv beeinflussen konnte, in deren Leben es eine massive Verbesserung gab, dank meiner Arbeit.

Wenn du also Wert auf Urkunden, Zertifikate und Diplome legst, dann bin ich nicht der richtige Coach für dich. Dann wünsche ich dir von ganzem Herzen, dass du schnell den richtigen Ansprechpartner für dich finden wirst, der dir helfen kann, die Resultate zu erzielen, die du dir wünschst.

Wenn du jedoch Wert darauf legst, dass sich in deinem Leben und vor allem im Leben deines Kindes die Dinge zum Positiven wenden und für dich einzig und allein Resultate zählen, dann bist du hier genau richtig! Dann verspreche ich dir, dass du hier die Antworten auf all deine Fragen finden wirst, nicht nur theoretisch, sondern praktisch anwendbar und ergebnisorientiert.

Entstanden ist dieses Programm daraus, dass ich selbst in der Situation war, dass ich mich von der Mutter meiner geliebten Tochter getrennt habe. Ich habe es erlebt, was es bedeutet, wenn sich die Eltern bekriegen, vor Gericht streiten und ihre eigene Egosucht auf dem Rücken der Kinder befriedigen.

Doch ich hatte genug Weitsicht zu sehen, dass die Hauptleidende meine Tochter war. Und ich konnte es mit meinem Gewissen nicht vereinbaren, dass meine Fehler sich in solch negativer Art, wie es in diesem Programm dargelegt wird, auf das Leben meiner Tochter auswirken. Ich musste eine Lösung für mein eigenes Leben finden.

Es gab keinen anderen Weg, als es zu schaffen, nicht für mich, nicht für meine Expartnerin, sondern für meine kleine Tochter!

Und wir, meine Expartnerin und ich, haben es geschafft. Wir haben alles getan, damit unsere Tochter glücklich mit getrennten Eltern aufwachsen kann, ohne unter der Trennung zu leiden.

Das dadurch erworbene Wissen habe ich bereits auf unzählige andere Eltern von Trennungskindern anwenden können und damit reproduzierbar gemacht. Mein eigenes Leben hat mich gelehrt, wie ich all die erworbenen Coachingfähigkeiten sinnvoll im Sinne der Kinder einsetzen kann. Ich zeige dir keine Theorien aus Büchern, sondern das, was in der Praxis funktioniert.

Der Wert meiner Arbeit wird nicht an Diplomen gemessen, sondern einzig und allein an den erzielten Resultaten. Diese Resultate sind greifbar für jeden und sprechen für sich! Da du noch immer weiterliest, gehe ich davon aus, dass auch für dich einzig und allein die Resultate zählen. Also lass uns beginnen, ich freue mich auf diese gemeinsame Reise und darauf, dass auch du eines Tages deine Erfahrungen, Resultate und Begeisterung persönlich mit mir teilen wirst.

Eine Geschichte ...

Lass uns dieses Buch mit einer kurzen Geschichte beginnen, die dazu beitragen wird, dass dieses Buch leicht zu lesen und die darin enthaltenen Erkenntnisse schnell für dich anwendbar werden, damit du noch mehr Gutes für dich und dein Kind herausholen kannst ...

Es waren einmal ein Mann und eine Frau, die nahmen an einer Studie teil. Beiden wurde von den Studienleitern eine Münze gezeigt. Im konkreten Fall handelte es sich um eine Zweieuromünze.

Beide wurden nun gebeten zu beschreiben, was sie auf dieser Münze sahen, ohne sie zu berühren, anzuheben oder sonstig aus ihrer Position zu bewegen.

Die Frau sah die Vorderseite

und beschrieb diese als golden mit silberfarbenem Rand. Darauf seien eine Zwei zu erkennen und Teile einer Karte, ebenso Buchstaben und eine Art Striche.

Dem Mann jedoch wurde die Rückseite gezeigt

und er beschrieb diese als golden mit silberfarbenem Rand, mit vielen Sternen, einem Adler und einer Zahl.

Nun wurden beide gebeten, sich die Münze gegenseitig zu beschreiben. Ihnen wurde dabei mitgeteilt, dass der andere der beiden eine falsche Münze gesehen hatte und man selbst die richtige. Die Aufgabe war nun, jeweils den anderen davon zu überzeugen, wie die richtige Münze aussähe. Es sei extrem wichtig, dass die richtige Münze von beiden anerkannt werde, da sonst die eigenen Kinder nichts zu essen bekämen.

Zu Beginn verlief das Gespräch recht ruhig und gesittet. Doch je detaillierter jeder dem anderen seine Münze beschrieb, desto größer wurden die Unterschiede. Je größer die Unterschiede wurden, desto emotionaler wurde das Gespräch.

Nach kurzer Zeit artete dies in ein riesiges Streitgespräch aus. Beide fingen an, sich zu fetzen, schrien sich an und beschimpften den anderen, dass er keine Ahnung hätte, die Welt mit völlig falschen Augen sehen würde und so weiter.

Beide waren fest davon überzeugt, dass ihre Münze die richtige sei und da das Überleben ihrer Kinder davon abhing, wollten sie sich von nichts abhalten lassen, um den anderen von der eigenen Meinung zu überzeugen.

Doch wer von beiden hatte nun recht? Der Mann oder die Frau? Worin lag der Fehler?

Im heißen Gefecht der Gefühle und Emotionen hatten beide übersehen, dass jede Münze zwei Seiten haben muss!

Ohne die zweite Seite könnte die andere nicht existieren. Das Interessante an Münzen ist, dass, egal welche Seite man sieht, man immer nur diese eine Seite sehen kann. Man kann nie beide Seiten gleichzeitig sehen.

Allein das Wissen und der feste Glaube, dass zwei Seiten gleichzeitig existieren müssen, lässt uns akzeptieren, dass es wirklich zwei Seiten gibt. Mit eigenen Augen werden wir nie beide gleichzeitig sehen können.

Auch wenn wir die Münze drehen, dann sehen wir zwar die andere Seite – doch welche ist die richtige von beiden?

„Keine" wirst du jetzt vielleicht denken. Das würde ja aber heißen, dass es keine richtige Seite gäbe und im Falle des Tests die Kinder nichts zu essen bekämen.

Hast du jemals darüber nachgedacht, dass beide Seiten die richtige sind – abhängig, von wo aus man diese Münze betrachtet?

Die eine Seite kann nicht richtiger als die andere sein, denn beide würden ohne die andere nicht existieren.

Ist es nicht ebenso mit allen anderen Meinungen über Dinge, Ereignisse, Menschen, Handlungen und Verhalten?

Wie bewertest du deine Umwelt? Ist dein Blickpunkt immer der richtige? Oder akzeptierst du, dass es auch andere Blickwinkel gibt, die die gleiche Wahrheit ganz anders zeigen?

Versuchst du, deine Umwelt immer von deiner Sicht auf die Dinge zu überzeugen, koste es was es wolle? Oder bist du weise genug um zu wissen, dass es immer mindestens zwei Seiten gibt und jede aus dem jeweiligen Betrachtungswinkel als völlig richtig erscheint? **Und vor allem nicht nur richtig erscheint, sondern auch richtig ist!?**

Ein altes Sprichwort sagt: „Es gibt immer zwei Seiten einer Medaille". Diese Medaille steht symbolisch für alles und vor allem für Meinungen. Was sind denn eigentlich Meinungen?

Meinungen sind Bedeutungen, die wir der Welt geben, basierend auf unserem Glauben. Unser Glaube resultiert daraus, was wir für richtig oder falsch halten.

Sind unsere Meinungen dann richtig? Die Welt ist so, wie wir sie sehen? Von unserem Standpunkt her ja. Doch sind wir, auch wenn wir so gern daran glauben wollen, nicht der Mittelpunkt des Universums. So wie es unseren Standpunkt gibt, gibt es Millionen anderer Standpunkte. Keiner davon ist richtiger oder falscher als unserer. Die Standpunkte und Meinungen sind einfach – weder falsch noch richtig.

Falsch oder richtig kommen erst ins Spiel, wenn ein zweiter Standpunkt dazukommt. An ihm können wir messen, ob er mit unserem Standpunkt übereinstimmt oder nicht. Tut er dies, so wird er von uns als richtig – übereinstimmend – angesehen. Stimmt er nicht mit unserem überein, so tendieren wir sofort dazu, diesen Standpunkt als falsch zu bewerten, ohne weiter zu prüfen, ob die Meinung vom dortigen Standpunkt aus vielleicht genauso richtig ist wie unsere von unserem Standpunkt aus.

Somit birgt jede Art von Kommunikation zwischen Menschen über Meinungen und Standpunkte sofortiges Konfliktpotenzial. Kein Mensch wird jemals 100%ig den gleichen Standpunkt wie wir haben. Wir alle sind anders aufgewachsen, haben anders gelebt, andere Dinge getan, andere Menschen getroffen, andere Erlebnisse gehabt. All diese Ereignisse und Begegnungen haben uns und damit unser Weltbild und unsere Standpunkte geprägt. Allgemein kann man sagen, dass wir alle die Summe unserer Erfahrungen sind.

Nicht zwei Menschen auf diesem Planeten haben exakt die gleichen Erfahrungen gemacht. Daher sind keine zwei Menschen auf dieser Erde die exakt gleiche Summe von Erfahrungen und können damit eine exakt gleiche Sicht auf die Dinge haben. Freilich können wir sehr ähnliche Ansichten haben, jedoch nie komplett gleiche in allen Lebenslagen.

Das ist es, was uns Menschen alle einzigartig macht. Kein Mensch auf diesem Planten ist genau wie du und niemand hat genau deine Weltanschauung.

Wer dies verstanden hat, der kommt nicht umhin zu akzeptieren, dass die eigene Weltanschauung und die eigenen Meinungen nicht zwingend die einzig möglichen sind.

Hätte ich andere Dinge erlebt, andere Menschen getroffen, so würde ich die Welt anders sehen. Da du andere Menschen getroffen und andere Dinge erlebt hast als ich, hast du zwangsläufig eine andere Weltanschauung und über die ein oder andere Sache eine andere Meinung.

Offene Menschen, die dies verstanden haben, sind jederzeit bereit, sich die andere Seite der Münze zeigen zu lassen und sich diese vom Standpunkt der anderen Person aus anzusehen, bevor sie sich zu einer Bewertung hinreißen lassen. Dies verhält sich nicht nur bei Münzen so, sondern bei jeder Art von Meinung oder Bewertung.

Wenn ein Mensch – und ganz speziell dein Expartner – die Welt etwas oder komplett anders sieht, dann wäre es massiv egoistisch von dir, deinen Standpunkt als einzig richtigen anzusehen.

Er sieht lediglich eine andere Seite der Münze.

Ein altes indianisches Sprichwort sagt:

**Bevor du jemanden kritisierst,
lauf eine Meile in seinen Schuhen.**

Wenn du also in diesem Programm oder in der nächsten Kommunikation mit deinem/r Expartner(in) mal wieder in die Situation gerätst, dass er oder sie etwas ganz anders sieht als du oder sich anders verhält als du, dann mach dir bewusst, dass weder dein noch sein/ihr Standpunkt den Anspruch auf generelle Richtigkeit erheben kann.

Vermutlich habt ihr beide recht. Ihr betrachtet die Münze nur aus verschiedenen Richtungen. Nur ein dummer Mensch würde Anspruch darauf erheben, dass eine Münze nur eine Seite hat.

Du wirst erkennen, dass sich dein Leben und das deines Kindes erheblich verbessert, wenn du bereit bist, dir die zweite Seite jeder Münze anzusehen, bevor du über sie richtest.

Es wird der Fall sein, dass du in diesem Programm über Dinge stolperst, die deinem Standpunkt ganz und gar nicht entsprechen, die dich wütend machen, Dinge, denen du keinesfalls zustimmen kannst.

Bist du stark genug, dies als gegeben zu akzeptieren und dir erst die Welt vom neuen Standpunkt aus anzusehen, bevor du ihn als falsch abwertest?

Wann immer du an einen Punkt kommst, an dem du denkst „Das kann gar nicht sein" oder „So ist es gar nicht", dann gib dir und deinem Kind das Geschenk, dir die Dinge von anderen Standpunkten aus anzusehen.

Denn um ehrlich zu sein, deine Sicht auf die Welt und die Münzen und Meinungen der Welt, haben dich offensichtlich bisher nicht an den Punkt gebracht, an dem du sein willst.

Sonst würdest du nicht an diesem Programm teilnehmen oder dieses Buch lesen.

Wie wäre es mit einem anderen Blickpunkt? Wie wäre es mal zu schauen, ob die Dinge von einem anderen Standpunkt aus nicht viel besser aussehen als von deinem jetzigen?

Wer heute noch nicht hat, was er will, der muss etwas tun, was er noch nie getan hat, um zu bekommen, was er noch nie hatte.

Schon Albert Einstein fasste dies bestens zusammen:

„Wer immer das Gleiche tut und dabei erwartet, dass sich die Dinge ändern, gilt allgemein bekannt als dumm."

Keiner von uns will gern dumm sein. Schlau ist der Mensch, der die Welt von möglichst verschiedenen Punkten aus betrachtet hat. Denn nur dann kann er den richtigen Standpunkt und damit die richtige Meinung zu den Dingen finden.

Was dir helfen kann, ist, dir eine Zweieuromünze als Lesezeichen für diese Buch zu nehmen. Wann immer dir etwas nicht „schmeckt" oder deinem Weltbild entspricht, dann drehe diese Münze und schau dir die andere Seite an!

Die Situation

Deine Beziehung ging zu Ende. Entweder hast du deine/n Expartner/in und den Vater oder die Mutter deiner Kinder verlassen oder er/sie ist gegangen.

Ob Du nun eine alleinerziehende Mutter oder ein getrennt lebender Vater bist, nichts ist mehr wie zuvor.

Ebenso, wie die Geburt eines Kindes eine Partnerschaft völlig verändert, ist nach einer Trennung von Eltern mit Kindern nichts mehr, wie es war und beide Elternteile, sowohl der Vater als auch die plötzlich alleinerziehende Mutter, finden sich in einer völlig ungewohnten, unbekannten und verstörenden Lage wieder.

Auch wenn es in einigen wenigen Fällen so ist, dass der Vater die Kinder behält und die Mutter allein bleibt oder mit einem neuen Partner weiterlebt, ist es in der Regel der Fall, dass die Mutter die Kinder bei sich behält und der Vater allein bleibt.

Die Trennung eines Paares ist immer eine emotional sehr aufwühlende Angelegenheit. Aber Hand aufs Herz: Es ist für alle von uns nicht die erste Trennung. Ob es die Jungendliebe war oder auch bereits eine Ehe, eine Trennung haben wir alle schon überlebt. Mit mehr oder weniger emotionalen Schmerzen und Trauer, doch wir haben es überlebt und irgendwie kam es danach auch wieder besser und wir haben wieder geliebt, nicht wahr?

Doch diesmal ist alles anders! Diesmal sind Kinder im Spiel.

Kinder verändern alles!

Ausgehend davon, dass alle Beteiligten psychisch gesund sind, gibt es wohl keinen schlimmeren emotionalen Schmerz, als sich der Illusion hinzugeben, man würde seine Kinder verlieren.

Jeder Elternteil liebt seine Kinder. Der eine abgöttisch, der andere „normal". Doch die Liebe für die Kinder würde uns alle über uns hinauswachsen lassen und wir würden für unsere Kinder mehr tun als für jeden anderen Menschen auf dieser Welt.

Doch oft reicht die Liebe zur Partnerin oder zum Partner nicht aus, um dauerhaft in einer Beziehung zu bleiben. Die Liebe ist vergangen, die Leidenschaft verflogen.

Viele Paare versuchen, die Beziehung noch aufrecht zu erhalten, nur der Kinder zuliebe, doch dies ist nur ein Tod auf Raten. Solche Beziehungen gehen über kurz oder lang auch auseinander.

Dies ist heute keine ungewöhnliche Situation mehr. Die Zeiten haben sich geändert. Ehen und Beziehungen, die ein Leben lang halten, sind in der Unterzahl.

Ob dies nun gut oder schlecht ist, liegt im Auge des Betrachters. Einerseits fehlt der Zusammenhalt und das Engagement zur Beziehung und viele Beziehungen werden heutzutage zu schnell beendet. Viele sagen „Früher war alles besser, da gab es noch echte Liebe, die nicht beim ersten Streit weggeworfen wurde". Das mag sein. Jedoch wie viele dieser Beziehungen und Ehen waren auch nach vielen Jahren noch glücklich und die Partner haben sich wirklich noch von tiefstem Herzen geliebt?

Die Großzahl der Paare ist wohl damals zusammengeblieben, weil sie verheiratet waren und man sich eben nicht scheiden lässt. Dafür haben sie sich daher mit einem weniger glücklichen Leben als möglich zufrieden gegeben.

Es gibt im Grunde drei Arten von Paaren, die zusammenbleiben. Die erste Variante ist, dass beide Partner sich von ganzem Herzen lieben und eine leidenschaftliche, abwechslungsreiche und liebevolle Beziehung leben.

Wie schön wäre es, wenn dies in allen Beziehungen der Fall wäre.

Doch leider gibt es noch zwei weitere Arten von Beziehungen. Fall 2 wäre eine Beziehung, in der beide Partner mehr oder weniger leidenschaftslos nebeneinanderher leben. Es kommt nur selten zum Streit, man kommt miteinander klar, doch wirklich viel zu sagen hat man sich nicht. Liebe wird durch Gewohnheit ersetzt. Man will den anderen um sich haben, weil das eben schon immer so ist, er ist immer da, es wäre komisch und unangenehm, allein zu sein.

Liebevolle gemeinsame Abende, ergreifende Gespräche, gemeinsames Wachstum, heiße Liebe und wilder Sex sind schon lange her und zumindest einer der Partner hat auch keinerlei Interesse mehr, dies zu ändern.

Im Grunde sind die Paare gute Mitbewohner und Freunde, doch von heißer Liebe ist kaum mehr eine Spur vorhanden.

So richtig glücklich ist man nicht, doch man gibt sich zufrieden mit dem, was man hat, und schraubt seine Ansprüche an eine Beziehung herunter.

Die dritte Variante ist, dass beide Partner seit Langem zusammen sind, jedoch kein liebes Wort mehr für den anderen übrighaben. Jeden Tag schreien sie sich an, bewerfen sich gegenseitig mit Vorwürfen, Anschuldigungen und Beschimpfungen.

Sie sind weder liebevolle Lover noch wenigstens gute Freunde, sie sind zusammen und wissen gar nicht mehr warum, außer dass dies schon immer so war.

Keiner von beiden kann sich mehr daran erinnern, wann sie das letzte Mal das miteinander hatten, was ich qualitative Pärchenzeit nenne. Das letzte Candle-Light-Dinner ist 15 Jahre her, gemeinsam in der Badewanne hat man ewig nicht gelegen, man fasst sich nicht mehr an und an den letzten Kuss kann sich keiner von beiden mehr erinnern. Außer Fernsehen, Alltag und dem Garten hat man nichts mehr gemeinsam.

Der dadurch entstehende Frust reibt beide Partner immer wieder gegeneinander auf. Der eigene Frust wird auf den Partner projiziert und auf ihm oder ihr abgeladen. Das Ganze schaukelt sich dann hoch, bis jegliche Kommunikation nur noch aus Vorhaltungen, Anschuldigungen und Vorwürfen besteht.

Nicht selten ist dies der Einstieg in häusliche Gewalt zwischen den Partnern.

Solche Beziehungen machen leider einen Großteil aller Ehen und eheähnlichen Beziehungen aus. Diese Beziehungen reiben beide Partner auf und zerstören jede Aussicht auf ein glückliches Leben.

Wenn deine Beziehung nicht zur ersten Variante gehörte, wovon ich ausgehe, wenn sie beendet ist, dann war es langfristig gesehen sicherlich besser, als wenn sie weiter gelaufen wäre.

99 % aller gescheiterten Beziehungen waren zumindest in der letzten Zeit vor der Trennung in Variante 2 oder 3 einzuordnen.

Wir alle haben schon solche Beziehungen mit anschließender Trennung hinter uns. Wenn nicht in den letzten Jahren, dann früher, als wir jung waren.

Doch diesmal ist alles anders. Diesmal haben wir gemeinsame Kinder.

Es geht nicht mehr nur um uns, sondern um unser eigen Fleisch und Blut, die Menschen, die wir am meisten lieben auf diesem Planeten.

Plötzlich bedeutet eine Trennung nicht nur die Gütertrennung einer gemeinsamen Wohnung, von ein paar Konten und gemeinsamen Anschaffungen. Plötzlich ist da mehr. Plötzlich haben wir auch die Verantwortung für die Kleinen mitzutragen.

Und plötzlich bedeutet eine Trennung auch finanzielle Folgen. Kinder sind nicht nur eine emotionale, sondern auch eine finanzielle Verpflichtung.

Ein einfaches „Zurück" in das Leben vor der Beziehung ist nicht mehr möglich. Die Kinder müssen versorgt werden. Dies bedeutet massive Einschnitte in die Freiheit, die Finanzen und in die Möglichkeiten.

Oft ist es nun der Fall, dass die Männer Vollzeit arbeiten und die Frauen dies aufgrund der Kinder gar nicht mehr oder zumindest weniger tun (können). Aus berufstätigen Frauen sind Hausfrauen und Vollzeitmütter geworden oder eben Frauen, die weniger arbeiten gehen und weniger verdienen als vorher. Jedenfalls ist es selten, dass Frauen mit Kindern mehr verdienen und weniger arbeiten als vor der Geburt der Kleinen.

Nun steht eine Trennung an und das wirft sofort die Frage auf: Wie soll es finanziell für beide Elternteile und die Kinder weitergehen?

Bei den meisten Trennungen ist es der Fall, dass der Mann geht, die Mutter mit den Kindern in der alten Wohnung, dem alten Haus wohnen bleibt. Dies wirft sofort die Gedanken auf „Wie soll ich das alles allein bezahlen? Die Miete, die Hypothek, die Schule, das Essen, die Urlaube und und und ..." Die Mutter kann dies in der Regel keinesfalls allein stemmen und da kommt meist sofort der Gedanke: „Der Ex muss zahlen". Und zwar richtig ... viel und alles was er hat. Die Väter wiederum denken nun auch „Zuerst nimmt sie mir meine Kinder weg und dann soll ich auch noch zahlen ...".

Natürlich sind diese Gedanken nachvollziehbar und normal, doch kommt hier zum normalen emotionalen Schmerz einer Trennung noch die Gewissheit, dass alles nicht mehr so sein wird wie vorher und dass es sowohl für den Vater als auch für die Mutter sehr viel schwerer wird als jede vorangegangene Trennung.

Oft entwickelt sich spätestens aufgrund der nun aufgetretenen neuen, ungewohnten Situation und der Angst vor der unsicheren Zukunft ein regelrechter Hass auf den Expartner.

Frauen denken dann oft, der Ex hätte ihnen etwas genommen, sei es das freie Leben, die Möglichkeit zu arbeiten, das Selbstbewusstsein, die Schönheit oder was auch immer und nun wollen sie sich rächen.

Wenn es sich der Partner schon so leicht macht und sich aus dem Staub macht, dann soll er wenigstens dafür bluten. Vielleicht ist er auch noch fremdgegangen oder Ähnliches und schon hat man den emotionalsten Hass-Cocktail, den man sich vorstellen kann.

Auf der anderen Seite steht der Vater. Er hat seine Kinder verloren, vielleicht auch noch sein Haus, sein Angesicht bei ihrer und seiner Familie und vieles mehr. Vielleicht war es auch genau anders herum. Vielleicht ist auch die Frau fremdgegangen und hat sich einen neuen (aus ihrer Sicht besseren) Partner gesucht und der Mann fühlt sich als der große Verlierer in der Geschichte, denn nun ist nicht nur seine Frau weg, sondern sie will auch noch die gemeinsamen Kinder mitnehmen.

Und schon haben wir die wildeste Schlammschlacht, die wir uns vorstellen können. Beide Partner gönnen dem Ex kein Gramm Gutes mehr und nutzen jede mögliche Waffe, um dem anderen noch eins auszuwischen.

Er dreht ihr den Geldhahn zu, sie verwehrt ihm, die Kinder zu sehen. Anschreien, Vorwürfe, Krieg!

Ich denke, ich brauche diese Situationen nicht weiter auszuschmücken, jeder von uns hat dies schon einmal an anderen Paaren beobachtet, wenn nicht gar selbst erlebt. Vielleicht bist du auch gerade jetzt inmitten dieser Schlammschlacht und hast daher zu diesem Buch bzw. Programm gegriffen.

Und wer wird in diesen Schlammschlachten vergessen? Wer leidet am meisten?

Die Kinder! Die oben beschriebene Situation kam dir sicher bekannt vor und du hast dich vielleicht sogar selbst darin wiedergefunden, sodass ich dich jetzt frage:

Hast du während du die letzten Zeilen gelesen hast, auch nur eine Sekunde an die Kinder gedacht?

Sehen wir uns an, wie die Situation von den Kindern erlebt wird ...

Plötzlich trennen sich die Eltern, die Kinder haben keine Ahnung, was dies bedeutet. Alles, was sie mitbekommen, ist, dass Mama und Papa seit Wochen streiten, sich anbrüllen und nicht mehr liebevoll miteinander umgehen. Vielleicht war auch einer der Elternteile schon so minder intelligent, den Kindern zu erzählen, wie böse Papa oder Mama doch sei und dass er oder sie kein Interesse mehr an ihnen habe. Sicher jedoch haben sie in den letzten Wochen weder Mama noch Papa in einem sehr guten Zustand und mit positiven Worten über den anderen erlebt.

Meist ist es der Fall, dass – sobald der Vater ausgezogen ist – die Mutter die Kinder mit Liebe überhäuft und ihr Bedürfnis danach, geliebt zu werden, an den Kindern befriedigt.

Die Kinder verstehen die Welt nicht mehr. Plötzlich ist Papa weg, Mama ist traurig, wütend, böse, unsicher, verzweifelt und kann nicht überzeugend erklären, wo Papa jetzt ist.

Dem Kind fehlt der Vater und nicht nur das. Zu Hause ist plötzlich nichts mehr wie es war. Unsicherheit pur! Von einem behüteten Heim, in dem alles schön und beschützt ist, ist alles weit entfernt.

Viele Mütter werden jetzt sagen „Aber ich kümmere mich um mein Kind, ich liebe es und es wird ihm an nichts fehlen". Doch ist das wirklich so? Du bist jetzt plötzlich so überfordert mit der neuen Situation, dass du mit Sicherheit alles andere als glücklich, ausgeglichen, happy, aufmerksam und präsent bist.

Dein Kind spürt das! Kinder sind feinfühliger als wir Erwachsenen. Sie wissen ganz genau, dass etwas nicht in Ordnung ist. Doch sie haben keine Ahnung was. Sie haben auch keine Ahnung, wie sie die Situation wieder normalisieren können.

Die Kinder freaken innerlich aus, sind unglücklich, ängstlich und verwirrt.

Und weißt du, was das Schlimmste daran ist? Weder Mutter noch Vater haben in dieser Situation irgendeine Chance, irgendetwas daran zu ändern! Keine!

Alles, was ein Elternteil jetzt allein unternimmt, um die Situation zu verbessern, geht völlig nach hinten los!

Ist eine Scheidung für alle Kinder ein tiefer Einschnitt?

Wenn Eltern sich scheiden lassen, ist dies für die Kinder ein tiefer Einschnitt! Eltern können sich oft gar nicht vorstellen, wie es in den Kindern aussieht, denn sie leiden selbst an dem Trennungsschmerz und müssen ihr Leben neu in den Griff bekommen und ordnen.

Was ist für Kinder bedeutend in einer Scheidungssituation

Schon Alltagsänderungen wie das fehlende Rufen des Vaters, wenn er die Türe öffnet, oder der Moment, wenn die Mutter abends noch einmal über ihren Kopf streichelt, sind für Kinder schmerzlich. Gemeinsamkeiten, die zuvor rituell stattgefunden haben und ein Familienleben sicherten, bleiben aus. Die sicheren Rituale müssen neu geordnet werden, was unweigerlich zu vorübergehenden Unsicherheiten führt.

Was ist für das Kind im Besuchswechsel zwischen den Eltern wichtig?

Für Kinder ist es bedeutsam, dass die Eltern den Kindern den Zugang zum jeweils anderen Elternteil nicht erschweren. Hat das Kind das Gefühl, dass es der Mutter/dem Vater sehr schwer fällt, wenn es zum anderen Elternteil geht, gerät es in einen belastenden Konflikt. Ein Erzählen nach dem Besuchswochenende wird dadurch verhindert, da das Kind spürt, dass es den zurückgebliebenen Elternteil dadurch verletzt.

Was sollten Eltern unterstützend tun?

Wenn Eltern bereit sind, den Kontakt zum anderen Elternteil zu fördern, anstatt das Kind mit eigenen Konflikten zu belasten, dann gönnen sie damit dem Kind auch die Liebe des anderen Elternteils. Kinder brauchen und haben ein Recht auf beide Elternteile. Das Kind kann sich im Innersten niemals für einen Elternteil entscheiden, da die Liebe des Kindes beiden gegenüber bedingungslos ist.

So lange du jedoch gegen deine Ex oder deinen Ex noch Groll hegst, wirst du deinem Kind mit jeder Sekunde mehr schaden!

Du magst jetzt denken „Ich hege doch keinen Groll, er soll einfach zahlen und uns in Ruhe lassen", wenn du eine Frau bist, oder „Ich hege doch keinen Groll, ich will einfach meine Kinder sehen, wenn ich es will, und sonst soll sie mich in Ruhe lassen", wenn du ein Mann bist, und genau das ist das Zeichen für massiven Groll in dir.

Wenn du dies nicht glaubst, dann schau mal in den Spiegel! Frag deine Freunde, Eltern und Kollegen. Was siehst du da? Ein entspanntes, liebevolles oder ein angespanntes Gesicht? Hast du ein entspanntes Grundlächeln oder schon tiefe Falten des Grolls und der Sorge zwischen den Augen und über der Nase?

Nicht was denkst du, wie du dich fühlst? Sondern was sagst du deinem Umfeld, wie du dich fühlst, indem du es mit deinem Gesicht und deiner Körpersprache ausdrückst?

Hier gilt es, eine genaue Selbstbeobachtung zu haben.

Denn für deine Kinder ist es völlig egal, was du sagst, **sie sehen dich.** Sie nehmen deine Gefühle auf der Ebene der Körpersprache wahr und wissen genau, was in dir vorgeht! Du kannst vielleicht dich selbst belügen, indem du dir einredest, es ginge dir gut, doch du schaffst es keinesfalls, deine Kinder diesbezüglich hinters Licht zu führen!

Und hier kommt das größte Problem! Die Welt deines Kindes hat bisher zum Großteil nur aus Mutter und Vater bestanden. Egal wie alt die Kinder sind, solange sie zwischen null und 16 Jahren sind, haben die Eltern den größten Einfluss auf sie. Besonders für Kinder unter zehn Jahren sind die Eltern die Haupteinflüsse. Das Zuhause entscheidet über den Gefühlszustand der Kinder. Dies gilt natürlich weniger im Moment als im Großen und Ganzen gesehen!

Nun stell dir vor, was in deinem Kind vorgeht! Plötzlich ist Papa weg und Mama ist gestresst, unsicher und hegt einen Groll oder Papa ist allein mit dir und Mama plötzlich nicht mehr jeden Tag für dich da! Die Welt deines Kindes bricht gerade vollkommen zusammen. Die Seele deines Kindes braucht vor allem die Sicherheit, geliebt und beschützt zu werden, und plötzlich wird beides infrage gestellt!

Während die Eltern noch damit beschäftigt sind, sich in einer Schlammschlacht um Haus, Unterhalt, Besuchsrecht und allerlei Kleinigkeiten zu suhlen, sterben die armen kleinen Kinderseelen täglich tausend Tode.

Auch wenn du dies deinem Kind nicht gleich anmerkst, die Trennung macht es innerlich kaputt und du allein hast keine Chance, daran auch nur etwas zu ändern.

Weder Vater noch Mutter sind in der Lage, dem Kind auch nur 10% von dem zu geben, was Eltern ihrem Kind gemeinsam geben können und müssen!

Wenn jetzt dein Ego wieder einsetzt und alle Schuld und Verantwortung auf deine/n Ex abschieben will, denn du kannst ja nichts dafür, er bzw. sie ist ja gegangen und kümmert sich nun nicht mehr, dann mache dir bewusst: Es ist nicht die Schuld des anderen! **Ihr seid beide verantwortlich!** Beide! Wenn eine Einheit zerbricht, denn als solche wollen euch eure Kinder sehen, dann ist keine von beiden Seiten mehr verantwortlich dafür als die andere. Beide sind immer gleich viel dafür verantwortlich.

Wenn du jetzt denkst „Was kann ich dafür, er/sie ist doch fremdgegangen, ich war glücklich in unserer Beziehung und hätte sie weiterführen wollen, doch er/sie hat alles versaut" oder etwas Ähnliches, dann spricht wieder dein Ego, dein verletzter Stolz aus dir.

Solltest du eines Tages die Stärke haben, dir einzugestehen, dass auch du nicht alles perfekt gemacht hast und auch auf deiner Seite Fehler lagen, dann wirst du die Chance haben, dein Kind vom größten Schmerz seines Lebens zu befreien.

Ich empfehle dir, schnell an den Punkt zu kommen, dass, egal was vorgefallen ist, jedes Ende einer Beziehung immer von beiden Seiten herrührt, denn jeder Tag, an dem dein Ego überhandnimmt, ist ein Tag, den dein Kind in massivem Schmerz leben muss. Leider ist dies der Fall bei sehr, sehr vielen Eltern. Sie wollen lieber ihr Ego nähren und bestätigen und nehmen dabei (unbewusst?) in Kauf, dass ihre Kinder leiden.

Auch wenn du alles für deinen Partner und eure Beziehung getan hast, dann hinterfrage dich selbst: Hast du wirklich alles getan?

Hast du das getan, was du für richtig hieltest oder hast du das getan, was dein Partner brauchte?

Hast du wirklich ALLES getan? Oder nur immer und immer wieder denselben Mist, der jedesmal wieder nicht funktionierte?

Hast du am Ende der Beziehung genau das getan, was du am Anfang getan hast? Denn am Anfang hast du die Bedürfnisse deines Partners ganz sicher vollstens erfüllt, sonst hättet ihr euch nicht ineinander verliebt. Doch am Ende hast du es ganz sicher nicht mehr getan. Selbst wenn er oder sie fremdgegangen ist, dann ist dies nur geschehen, weil zu Hause einige seiner oder ihrer Bedürfnisse nicht erfüllt wurden. Und sei es nur das Bedürfnis nach Nähe, Anerkennung, Abwechslung, Wachstum oder Sicherheit. Hast du wirklich ihre bzw. seine Bedürfnisse auf die Art befriedigt, die er/sie sich wünschte?

Ich denke, keiner von uns kann dies 100%ig von sich behaupten. So ist die Erkenntnis, dass egal was vorgefallen ist und zur Trennung geführt hat, immer in der Verantwortung beider lag, der erste Schritt, um die Trennung zu verarbeiten.

Dies soll kein Programm sein, um Beziehungen wieder zusammenzuführen, auch wenn die oben genannte Erkenntnis schon oft das war, was nötig war, um die Weichen dafür zu stellen, sondern es soll helfen, deinem Kind ein glückliches Leben nach der Trennung der Eltern zu ermöglichen.

Solange du einen Groll gegenüber deinem/deiner Ex in dir trägst, wird dies nie möglich sein. Viele geschiedene Eltern, so auch meine, tragen diesen Groll noch 25 Jahre nach der Trennung mit sich herum und machen dadurch nicht nur ihr eigenes Leben zur Hölle, sondern vor allem das ihrer Kinder! Und sie übertragen es sogar noch auf ihre Enkel.

Bist auch du so egoistisch und hältst an deinem Groll fest und nimmst dafür in Kauf, dass deine geliebten Kinder ein

Leben lang leiden? Dann ist dieses Programm hier nicht das Richtige für dich!

Dieses Programm ist für Eltern gedacht, die wollen, dass es ihren Kindern trotz der Trennung gut geht und die Kinder ein glückliches Leben leben können.

Wenn du noch immer am Lesen bist, so gehe ich davon aus, dass dir alles daran liegt, das Beste im Sinne deiner Kinder zu tun, nicht im Sinne deines Egos, richtig?!

Denn eines muss dir klar sein: Die Beziehung zwischen Mutter und Vater ist genau das, was deine Kinder in ihrem Leben immer modellieren werden.

Hegen Mutter und Vater einen Groll gegeneinander, so werden sich der Sohn oder die Tochter später im Leben einen Partner suchen, gegen den sie einen ebensolchen Groll hegen können und werden. Dies läuft auf der unterbewussten Ebene ab und ohne psychologische Arbeit wird es nicht anders kommen.

Schau dir deine Eltern an! Zeigen sich Parallelen in deren und deinem Leben auf? Bist du wenigstens in einigen Bereichen genauso wie deine Eltern oder das komplette Gegenteil?

Wenn du dein Kind also davor bewahren willst „an genauso einen A... Typen wie deinen Ex" bzw. „auch so eine Furie, wie deine Ex" zu geraten, dann ist das Beste, was du tun kannst, diese Situation zu meistern.

Dein Kind wird dich, egal ob es bei dir wohnt oder nicht, emotional modellieren! Hast du ein Leben voller Groll oder Opferrolle, so wird dein Kind dieses Leben übernehmen. Lebst du ein Leben im Einklang mit dem Vater/der Mutter deines Kindes und vor allem mit dir selbst, so wird dein Kind dies übernehmen.

Die Situation mit deinem/deiner Ex auszusöhnen ist also nicht nur wichtig für dein eigenes Gefühlsleben, sondern vor allem für das Gefühlsleben deines Kindes für den Rest seines Lebens!

Das klingt erstrebenswert, aber du hast keine Ahnung, wie du dies anstellen sollst?

Keine Angst, du bist in den richtigen Händen! Dieses Programm wird dir zeigen, wie du genau dies erreichst: ein glückliches, emotional freies Leben für dich und vor allem auch für dein Kind!

Was kannst du tun, damit du die bestmögliche Unterstützung hast, um alles, was du in diesem Programm gelernt hast, umzusetzen?

Nun, unser gesamtes Universum funktioniert nach verschiedenen Regeln und Gesetzen. Einige davon beschreiben die Physik und die Natur, andere wiederum formen die Möglichkeiten, die Menschen haben, ein Leben nach ihren Vorstellungen zu leben. Ob wir es akzeptieren, dass es diese Gesetzte gibt oder nicht und ob diese wirken, hat keinen Einfluss darauf. Das Gesetz der Schwerkraft wird dich nach unten ziehen, wenn du von einem Stuhl springst. Ob du dies verstehst, anerkennst oder verweigerst, dich damit abfindest oder nicht, du wirst nach unten fallen.

Ebenso verhält es sich mit dem Gesetz der Anziehungskraft von Gedanken. Sicher hast du schon davon gehört und dir deine Meinung darüber gebildet. Egal wie diese Meinung ausfällt, deine Gedanken haben einen unweigerlichen Einfluss auf dein Leben. Im positiven wie im negativen Sinne.

Wollen wir also sehen, wie du dieses Gesetz nutzen kannst, um deinem Kind die Möglichkeit zu geben, das emotional freie und glückliche Leben zu leben, das es verdient. Wenn du dieses Gesetz nicht für dich nutzen willst, so nutze es zumindest zum Wohle deines Kindes.

Dies ist ein Jahrtausende altes universelles Gesetz des Universums. du bist ein Spiegel deiner eigenen Energie, du ziehst die Energie an, der du selbst entsprichst.

Das Gesetz der Affinität. Der Duden definiert lateinisch „affinitas" gleich Wesensverwandtschaft, Ähnlichkeit und dadurch bedingte Anziehung. Also das Gesetz der Affinität wirkt, ob es jemand kennt, es wahrhaben will oder nicht. Das Universum besteht aus Energie.

Gedanken, Gefühle und Emotionen sind Energie, sie ziehen die Energie im Universum an, der sie entsprechen. So einfach ist das. Alte und weise Religionsführer und Philosophen haben dieses uralte Gesetz gekannt und es uns gelehrt, doch nur wenige haben es wirklich in aller Konsequenz verstanden.

Gedanken werden Realität, die gedankliche Energie wird ins Universum ausgestrahlt und zieht automatisch alle gleichen Dinge an, die ihrer Frequenz entsprechen. Alles kehrt zum Ursprung zurück und damit zu ihnen.

Der amerikanische Autor Charles Haanel meinte: „Der dominierende Gedanke oder die mentale Einstellung ist der Magnet und das Gesetz lautet: Gleiches zieht Gleiches an. Deshalb wird die Denkhaltung unweigerlich solche Umstände anziehen, die deinem Wesen entsprechen". Denk an das, was du willst, visualisiere es mit möglichst vielen Sinnen. Stell dir dein Leben so vor, wie es sein soll, und das Universum, Gott oder wie auch immer du diese größere Kraft nach deinem spirituellen Glauben nennen magst, wird deine Bestellung ausliefern.

Das Problem dabei ist: Die meisten Menschen denken jedoch permanent an das, was sie nicht wollen, und wundern sich dann, warum es ihnen wieder und wieder widerfährt. Kennst du vielleicht jemanden, dem es so geht? Vielleicht sogar sehr genau?

Wenn du dich unglücklich fühlst, wirst du Unglück anziehen. Wenn du dich glücklich fühlst, wirst du Glück anziehen. Wenn du dich über deine(n) Expartner(in) ärgerst, wer hat dann diese Gedanken im Kopf? Du selbst!

Dadurch verstärkst du diese negativen Energien massiv. Wenn du dich über ihr oder sein Verhalten aufregst und ärgerst, so wird er/sie mehr davon an den Tag legen. Wenn du dich über kleine positive Dinge, die er oder sie tut, freust und ihm bzw. ihr dies mitteilst, so wird er oder sie mehr davon tun.

Vielleicht denkst du jetzt: „Wie soll denn mein Denken Einfluss auf seine Handlungen haben? Das kann doch nicht gehen ..." Deine Gedanken sind Energie und sie beeinflussen deine gesamte Außenwelt. Bisher funktioniert es doch auch ganz gut. Du hast einen gewissen Groll in dir und er/sie verhält sich immer weiter so, damit noch mehr von diesem Groll entsteht.

Das Gesetz der Anziehung wirkt einfach immer, gleichgültig ob du es glaubst oder nicht oder ob du es verstehst oder nicht. So wie die Schwerkraft immer funktioniert, so funktioniert auch immer das Gesetz der Anziehung.

Henry Ford hat einmal gesagt: „Ob Sie denken, dass Sie es können, oder ob Sie denken, dass Sie es nicht können – es ist beides richtig."

Ob deine Zielsetzung ein gutes Verhältnis zum/zur Ex oder das Gegenteil ist, spielt für das Universum keine Rolle. Es ist unendlich viel Energie im Kosmos vorhanden. Der Kosmos wird das liefern, was du an Gefühlen und Gedanken in dir trägst. Wenn du dich als liebevolle Mutter bzw. liebevollen Vater fühlen kannst, dann bist du auch schon einer. Gute Mütter und Väter würden ihren Kindern nie den Zugang zu ihrer anderen Hälfte verwehren oder auch nur im Geringsten schlecht darüber reden. Dein Kind ist in seiner DNA wie auch in seiner Persönlichkeit ein 50/50-Mix aus dir und seinem Vater bzw. seiner Mutter. Redest du schlecht über den anderen Teil, so wird dein Kind diese Kommunikation mit seinem zweiten Teil übernehmen. Hier wirkt sich das Gesetz der Anziehung nicht nur auf dein Leben, sondern auch maßgeblich auf das Leben deines Kindes aus. **Die Art, wie du über die Mutter bzw. den Vater deines Kindes denkst, sprichst und fühlst, wird zu der inneren Kommunikation deines Kindes, zu einem großen Teil von sich selbst!**

Denn in dem Moment, in dem du etwas wirklich fühlst, sagst und denkst, ist die Lieferung schon unterwegs. Das Universum wird liefern, was du mittels deiner Gedanken und Gefühle bestellst. Der Onlineshop des Universums ist dein Denken und Fühlen. Je glücklicher du dich fühlst, desto leichter wird es gehen. Die Menschen lieben glückliche Menschen. Frauen lieben glückliche Männer, ihre Kinder lieben einen glücklichen Vater.

Je besser du dir das vorstellen kannst, desto schneller wird es Realität werden. Je mehr du dies auch mit anderen Menschen durch deine Kommunikation mit ihnen teilst, desto mehr positive Energie wird auf dich selbst zurückkommen.

Je mehr Liebe du ausstrahlst, desto mehr Liebe wirst du und wird auch dein Kind empfangen. Wer innerlich zerrissen ist, wer hasst, zerfleischt sich und zerstört sein Leben und das Leben seines Kindes auf grausame Weise.

Lass los! Deine Vergangenheit ist Vergangenheit. Was passiert ist, ist passiert. Deine bzw. eure Vergangenheit kannst du nicht mehr ändern, aber deine Zukunft und damit auch das Verhältnis zu deinem/r Ex wird so sein, wie du ab jetzt denkst und fühlst. Denke an positive Dinge und fühle dich wohl. **Verwerfe jeden negativen Gedanken über deinen Ex. Denn dies bedeutet, dass du ebenso negativ über dein Kind denkst. Lehnst du deine/n Ex ab, so lehnst du auch 50% deines Kindes ab!**

Der US-amerikanische Professor Joseph Campbell meinte dazu: „Folgen Sie Ihrer Freude und das Universum wird Türen für Sie öffnen, wo bisher nur Mauern waren."

Wenn du dich wieder einmal ärgerst, grollst oder was auch immer, stell dir eine Situation vor, in der du Freude empfindest. Es kann dein Kind sein, deine Freunde oder ein Moment aus der Vergangenheit mit deinem/r Ex, an dem noch alles okay war, ein Moment, in dem du eine Auszeichnung erhalten hast, ein Haustier, mit dem du Freude hattest, oder was auch immer.

Jeder von uns denkt zwischendurch immer wieder einmal negativ, das ist nur natürlich. Aber du kannst dich in solchen Momenten dabei selbst ertappen und diese negative Energie ganz leicht verschwinden lassen, indem du dir eine positive und freudige Situation vorstellst.

Such dir mehrere solcher Anker-Gefühle und erinnere dich in schwierigen Momenten daran. Dann behalte diese positiven Gefühle und das Universum wird positive Dinge liefern. Bereits in der Bibel vor weit über 2000 Jahren hat Jesus seinen Jüngern gelehrt, dass man seine Feinde lieben soll!

Wenn du deine Feinde hasst, dann werden diese immer Hausgenossen in deinem Kopf sein. In dir selbst werden diese Energien vorherrschen und das Universum wird die entsprechende Energie im Rahmen der Anziehung, sprich Affinität liefern, die du durch dein Denken und Fühlen angezogen hast. „Wer durch das Schwert tötet, wird durch das Schwert getötet werden", heißt es schon in der Bibel. Die einzige Möglichkeit, negative Inhalte aller Art nahezu schlagartig aufzulösen, ist die Liebe. Das ist die Grundlehre aller Religionen.

Wer lieben kann, befreit sich und andere Menschen aus dem Sumpf der Negativität. So wie Licht immer stärker als die Finsternis ist, wird Liebe alle Negativität ohne Kraftaufwand überwinden. Liebe ist die höchste Frequenz, die du denken und empfinden kannst.

Sehe die Menschen, die Welt aus einer positiven Sichtweise! Ich persönlich vertraue jedem Menschen, außer er beweist mir durch unredliches Verhalten, dass er mein Vertrauen nicht verdient hat. Aber zunächst gehe ich positiv an Menschen heran.

Sage ich hier, du sollst deine/n Ex wieder lieben? **– Ja!!!** Auf eine ganz andere Art und Weise. Nicht als Lebenspartner, sondern als Menschen. Bringe ihr/ihm die Liebe und den Respekt entgegen, den du dir von ihr bzw. ihm wünschst! Ihr habt eines Tages starke emotionale Gefühle füreinander gehabt. Lass wenigstens die Freundschaft wieder aufleben.

Durch die täglichen schlechten Nachrichten haben viele Menschen ein negatives Bild von anderen Menschen und der Welt, aber so ist die Welt nicht. In der Regel sind die Menschen viel besser als wir alle glauben. Wir halten uns selbst für gut und fast alle anderen Menschen denken auch so über sich, verstehst du?

Fassen wir dieses elementar wichtige Gesetz noch einmal zusammen: „Denken ist Energie, du bist ein energetischer Magnet, der das anzieht, was er aussendet. Energie kann weder erschaffen noch vernichtet werden. Sie wechselt lediglich die Form. Mit deinem Denken gestaltest du selbst dein Schicksal. Du bist genauso erfolgreich und glücklich, wie du selbst denkst und fühlst. Auch dein Kind kann maximal so glücklich sein, wie du es bist. Bist du unglücklich und verletzt, so wird auch dein Kind es sein!"

Ich weiß nicht, ob du das wirklich, auch aufgrund eigener Erfahrungen nachvollziehen kannst. Das Gesetz der Anziehung, d. h. der Affinität, ist ein grundlegendes Gesetz des Universums. Wenn du es selbst noch nicht erlebt hast, dann fange mit kleinen Dingen an. Realisiere kleine Dinge und dein Glaube wird wachsen und mit jedem Erfolg, wird es leichter und leichter und nichts wird dir unmöglich sein.

Was ist also dein Ziel?

Was willst du für dich und dein Kind wirklich?

Auf diese Frage bekomme ich meist Antworten wie:

„Ich will endlich abschließen und mein Leben weiterleben."
„Dass mein Ex endlich zahlt und mich in Ruhe lässt."
„Dass sich der Vater auch um sein Kind kümmert."
„Dass ich meine Kinder sehen und bei mir haben kann."
„Dass sie nicht von meinem Geld lebt, mich ausnimmt."
„Dass mein(e) Ex mich in Ruhe lässt."
„Dass mein(e) Ex seinen Verpflichtungen nach kommt."
„Dass mir mein Ex die gute Erziehung nicht versaut."
„..."

und vieles Ähnliche.

Die Grundnachrichten sind meist die gleichen:

Die Mütter wollen, dass der Vater finanziell für das Kind sorgt, die Väter wollen sich nicht ausnehmen lassen und dass die Ex sich kein buntes Leben auf ihre Kosten macht.

Die Mütter wollen, dass sich der Vater auch um die Kinder kümmert, die Väter wollen ihre Kinder sehen.

Die Mütter wollen, dass der Vater sich nicht in die Erziehung einmischt, der Vater will, dass die Kinder nicht werden wie ihre Mutter, die Mütter wollen, dass das Kind nicht wird wie der Vater und so weiter ...

Doch ist es das, was wir wirklich wollen?

Ich denke nicht!

Im Grunde will jeder Elternteil nur das Beste für sein Kind! Dass sich sein Kind gut entwickelt und ein freies, glückliches Leben leben kann. Ein Leben in Balance und Ausgeglichenheit.

Ist das nicht genau das, was du für dein Kind willst, ob es nun bei dir lebt oder bei deinem/r Ex?

Doch kann ein Kind dies, wenn es keinen oder eingeschränkten Kontakt zu einem Elternteil hat?

Kann eine Waage ausgeglichen sein, wenn nur in eine Waagschale etwas gelegt wird?

Wenn du deinem Kind den Zugang zum anderen Elternteil einschränkst oder verwehrst, egal aus welchen Gründen du dies für angemessen betrachtest, so beraubst du dein Kind der Chance auf ein ausgeglichenes, glückliches Leben!

So schwer diese Erkenntnis für dich sein wird:

Es ist nicht DEIN Kind! Es ist immer euer Kind!

Dieses Kind wird dich auf Lebenszeit mit deinem Ex/deiner Ex verbinden! Ob dir dies gefällt oder nicht – es wird nie anders sein!

Dieses Kind ist genetisch der Mix aus euch beiden und es muss dies auch emotional und spirituell sein!

Wenn du den Kontakt zu deinem Kind verweigerst, weil du es nicht sehen willst, oder wenn du deine(n) Ex euer Kind nicht sehen lässt, so beraubst du dein Kind der Möglichkeit, seine Seele entsprechend zur Genetik zu entwickeln! Die Folge davon wird sein, dass dein Kind für den Rest seines Lebens auf der Suche sein wird und nie ein ausgeglichenes und balanciertes glückliches Leben lebt.

Ein Kind ist der genetische Mix aus euch beiden. Auch die Seele muss dies sein. Es ist daher essenziell wichtig, dass das Kind Zugang zu beiden Eltern hat.

Nur dann wird es die Chance haben, sich zu entwickeln. Es wird von dir und deinem Ex zwei wahrscheinlich völlig verschiedene Lebenseinblicke erhalten. Nur dann kann es sich selbst entscheiden, welche Kombination aus beidem das Richtige für es ist. Vielleicht wird es komplett deinen Weg übernehmen, vielleicht komplett den von deiner/m Ex, doch höchstwahrscheinlich wird der oder die Kleine sich von jedem von euch das Beste herauspicken und neu kombinieren.

Das nennt man Evolution und es hat diesen Planeten über Millionen von Jahren am Leben gehalten. Es ist weder dein

Recht, noch das Recht von deiner/m Ex, diesen Prozess aufzuhalten oder zu unterbrechen.

Zumal wir alle wissen: In der Evolution gilt das Recht des Stärkeren. Stark kann man nur werden, wenn man aus verschiedenen Quellen das Gute modelliert und neu kombiniert.

Kann das Kind dies nicht tun, so wird es es massiv schwer haben im Leben und immer hinter anderen hinterher hängen.

Ist es das, was du für dein Kind willst? Willst du dafür verantwortlich sein, dass dein Kind von vcrnherein keine Chance im Leben hat, nur weil du dein Ego siegen lassen hast und selbst nicht entwickelt genug warst, die Beziehung zu deiner/m Ex wenigstens nach der Trennung ins Reine zu bekommen, wenn du es schon in der Beziehung nicht geschafft hast?

Das Kind ist nicht dein Eigentum!

Dein/e ehemalige/r Partner/in hat genauso viel Recht auf den Umgang mit den Kindern wie du! Kein Gramm weniger, kein Gramm mehr! Auch wenn die Kinder bei dir leben: Es ist nicht dein Kind! Es ist immer euer Kind! Ende der Ansage! Keiner hat auch nur einen Funken mehr oder weniger Recht an diesem Kind. Jeder von beiden hat gleiches Recht, das Kind zu sehen, bei sich zu haben und auch zu erziehen!

So wie ihr beide maßgeblich an der Entstehung des Kindes beteiligt wart, indem ihr jeder einen Teil eurer DNA beigesteuert habt, so seid ihr auch beide gemeinsam verantwortlich für die Entwicklung des Kindes nach der Geburt!

Stell dir vor, du würdest deinem Kind die Hälfte seiner DNA entreißen, wenn du es nicht sehen willst oder deinem/r Ex verwehrst, euer Kind zu sehen, um maßgeblich Einfluss auf seine Erziehung zu nehmen!

Lebewesen mit einem Gendefekt werden in der Natur als Mutanten abgestempelt und haben selten Überlebenschancen in einem natürlichen System. Auch wenn wir auf die DNA noch keinen Einfluss haben, auf die Entwicklung der Seele haben wir ihn!

Ihr habt euren Teil gemeinsam getan, als es um die DNA ging. Ob es sich dabei vielleicht nur um einen kurzen One-Night-Stand oder eine langjährige Beziehung gehandelt hat. Ob das Kind ein Wunschkind oder ein „Unfall" war, zählt dabei nicht.

Nun ist es an der Zeit, das Werk zu vollenden und das Gleiche bei der Entwicklung der Seele zu tun! Dies seid ihr beide der Evolution der Menschheit und vor allem eurem Kind schuldig!

Wie sagte mein Vater immer so schön:

„Eltern werden ist nicht schwer, Eltern sein dafür sehr ...!"

Mit der Entstehung des Kindes, auf welchem Wege dies auch immer geschehen ist, geplant oder ungeplant, bewusst oder unbewusst, seid ihr gemeinsam eine Verpflichtung gegenüber dem Kind und der Natur eingegangen. Diese müsst ihr nun erfüllen.

Ihr habt die Pflicht, dafür zu sorgen, dass ihr euer Kind über euch selbst und euer Ego stellt und dafür sorgt, dass ihr wirklich das Beste für euer Kind wollt, nicht für euch selbst.

Wichtig ist dabei die Weisheit zu erkennen, ob ihr mit einer Entscheidung, die ihr trefft, wirklich das Beste für euer Kind wollt oder es euch selbst leicht macht und eure eigenen Wunden pflegen wollt. Viele Mütter müssen sich fragen: Ist es wirklich das Beste fürs Kind, wenn es seinen Vater nicht oder nur selten sieht oder erfüllt die Mutter damit nur ihre eigenen Rachegelüste gegen den Vater? Viele Väter müssen sich fragen: Ist es wirklich das Beste fürs Kind, wenn ich meiner Ex keinen oder nicht genug Unterhalt zahle? Ist es wirklich das Beste für mein Kind, wenn ich mich nicht um es kümmere und für es da bin? Auch tief in dir willst du, wie jeder andere Elternteil auch, nur das Beste für dein Kind. Dass sich dein Kind gut entwickelt und ein freies, glückliches Leben leben kann. Ein Leben in Balance, Gleichgewicht und Ausgeglichenheit.

Richtest du vielleicht den schlimmsten, denkbaren Schaden an deinem Kind an?

Es ist egal, was in eurer Beziehung vorgefallen ist oder was geschehen ist, nachdem diese beendet war. Es ist auch egal, wie hart du daran arbeitest, die beste Mutter oder der beste Vater dieser Welt zu sein, deine Kinder werden zutiefst unter der Trennung von Mutter und Vater leiden, wenn sie keinen uneingeschränkten Zugang zu **Mutter UND Vater** haben.

Euer Kind ist ein 50/50-Mix aus seiner Mutter und seinem Vater. Dieser Mix ist auf jeder Ebene vorhanden. Sowohl auf der DNA-Ebene als auch auf der Persönlichkeitsebene. **Dein Kind ist nicht wie du! Es ist eine einzigartige, noch nie dagewesene Kombination aus Mutter und Vater!** Ihr beide seid ein wichtiger Teil seiner Persönlichkeit. Ihr beide habt dieses einzigartige Kind erschaffen und ihr seid beide für es verantwortlich.

Am allerwichtigsten ist jedoch, die „Nach-Beziehungs-Beziehung" der Eltern miteinander. Wenn ihr getrennt seid und du deine(n) Ex nun hasst, werden deine Kinder auf einem bestimmten Level das Gleiche tun.

Doch für die Kinder bedeutet es nicht nur, dass du sie lehrst, ihre Mutter oder ihren Vater zu hassen, sondern auch, dass sie 50 % ihrer eigenen Persönlichkeit hassen.

Dein Kind besteht aus zwei Teilen.
Sorge nie dafür, dass es einen davon hasst!

Damit hasst es einen großen Teil von sich selbst. Tu dies niemals! Das wird dein Kind innerlich abtöten und zu schwersten Depressionen führen, egal wie sehr du dich bemühen wirst, eine gute Mutter oder ein guter Vater zu sein.

Solange du auch nur im Geringsten schlecht über den Vater bzw. die Mutter deines Kindes denkst, sprichst und fühlst, so kommt dies einer emotionalen Vergewaltigung deines Kindes gleich.

Hier geht es nicht um dich – hier geht es um deine Kinder! Du musst einen Weg finden, alle Probleme und Aggressionen mit deren Mutter bzw. Vater aus der Welt zu schaffen!

Die Art, wie du mit deinem/r Ex interagierst, kommunizierst und umgehst, wird zur inneren Kommunikation deiner Kinder mit einem Teil ihrer selbst! Du kannst dir nicht im Geringsten vorstellen, was für Schaden dein Kind dadurch nehmen wird. Dies hat kein Kind dieser Welt verdient!

Wenn du schlecht über die Mutter bzw. den Vater deiner Kinder denkst, sprichst und fühlst, schadest du deinem Kind mehr, als es der schlimmste Vergewaltiger je tun könnte. Ich weiß, dies sind harte Worte. Doch sie beschreiben die Realität. Es wird keinen Unterschied machen im Leben deiner Kinder, wenn ich hier freundlich bin. Doch es kann einen großen Unterschied machen, wenn ich hier brutal ehrlich bin **und du dadurch bemerkst, was du deinem Kind vielleicht bisher angetan haben magst!**

Was meinst du, wie selbstbewusst und glücklich ein Kind leben kann, dem für viele Jahre, wenn nicht gar Jahrzehnte in seiner Kindheit erklärt wurde, wie schlecht sein Vater bzw. seine Mutter und damit ein großer Teil seiner eigenen DNA und Persönlichkeit sind?

Dieses Kind wird ein Leben lang leiden oder zumindest unzählige Jahre Therapie benötigen, um den Schaden zu beheben, welchen du ihm – wenn auch sicher ungewollt – zugefügt hast. Denn ...

... die Art, wie du mit deinem/r Ex umgehst, wird zur inneren Kommunikation deines Kindes mit der anderen Hälfte seiner Persönlichkeit.

Es liegt einzig und allein in der Hand der Eltern, wie sich unsere Kinder entwickeln. Auch nach der Trennung der Eltern. Hier liegt das Leben deines Kindes in deiner Hand. Wenn du es nicht schaffst, über deinen eigenen Schatten zu springen und deine eigenen Emotionen in den Griff zu bekommen, wird dein Kind ein Leben lang darunter leiden. Kannst du damit leben?

Hier haben wir den Grund dafür vor uns liegen, warum diese Welt voller scheinbar gestörter Menschen ist. Eine Abspaltung von einem inneren Teil ihrer selbst, ständig auf der Suche nach Möglichkeiten, diese entstandene Leere auf andere Art zu füllen, sei es durch Drogen, Alkohol, Gewalt oder sonstige Ausschreitungen. Dabei liegt die Lösung so nahe. Die innere emotionale Verbindung mit beiden Teilen der DNA und der Persönlichkeit. Eine Aufgabe, nach deren Lösung die meisten Menschen ein Leben lang streben. Doch diese Lebensaufgabe muss eurem Kind gar nicht erst gestellt werden. Es liegt allein in deiner Hand, ob dein Kind von vornherein die schwierigsten Lebensumstände auferlegt bekommt oder nicht.

Es ist hier völlig fehl am Platz, auf deine(n) Expartner(in) zu verweisen à la „... aber er/sie tut x oder y nicht ..." Hier geht es darum, was du tust und welchen Einfluss du auf euer Kind hast. Ob es bei dir lebt oder nicht, ob du es täglich bei dir hast oder nicht: Du allein bist dafür verantwortlich, welchen unterbewussten Einfluss du auf dein Kind hast.

Dein Kind verdient es, Eltern zu haben, die ihm die bestmöglichen Voraussetzungen für sein Leben mitgeben. Dass beide Eltern als Einheit fungieren und kein Teil den Zugang zum anderen verwehrt bzw. den anderen Teil mit negativen Gefühlen behaftet, gehört zweifelsohne dazu!

Was ist möglich?

Warum konnte ich dieses Programm entwickeln?

Auch ich habe eine Tochter und bin mit ihrer Mutter nicht mehr zusammen. Auch meine Tochter lebt mit einer alleinerziehenden Mutter zusammen und ich sehe sie nicht täglich.

2005 traf ich meine damalige Freundin und schon ein halbes Jahr später wurde sie schwanger mit unserer Tochter. Eine aufregend schöne Zeit, die alles veränderte. Im September 2006 kam unsere Tochter dann in Berlin zur Welt. Ein Tag, den ich nie vergessen werde! Von da an war nichts mehr, wie es war.

Plötzlich war ich für mehr als mich selbst verantwortlich. Plötzlich gab es da ein kleines liebenswertes Lebewesen, für dessen sowohl emotionales als auch finanzielles Wohlbefinden ich verantwortlich war.

War ich bereit dafür? Danach hat niemand gefragt. Den richtigen Zeitpunkt gibt es nie!

Nun war es an der Zeit, mein Leben komplett zu überdenken und in geordnete Bahnen zu leiten. Meine Entscheidungen betrafen plötzlich nicht mehr nur mich, sondern auch mein Kind und seine Mutter. Ich hatte plötzlich jede Menge Verantwortung und musste wachsen. Rapide wachsen und mich entwickeln.

Die Zeit der „Wird schon"-Einstellung war vorbei. Ich musste eine „Ich muss dafür sorgen, dass es wird – koste es, was es wolle"-Einstellung annehmen und tat dies auch.

Neben der Gründung meiner Firma und des Führens dieser zum Erfolg, was mir sehr gut gelang, gab es noch eine weitere Herausforderung: für das Kind sorgen und da sein.

Auch dies gelang mir sehr gut, so konnte ich meine neu gegründete Firma von Anfang an so aufsetzen, dass ich mich morgens komplett um meine Tochter kümmern konnte und sie gemütlich gegen 9 Uhr erst zur Tagesmutter und später in die Kita bringen konnte, um sie gegen 15 Uhr wieder abzuholen, um den Rest des Tages mit ihr zu verbringen.

Mein Fokus lag von Anfang an darauf, sehr viel qualitativ gute Zeit mit meiner Tochter zu verbringen. Jeden Tag!

Die Zeit ging ins Land und ich war auf einem Höhenflug, die Firma lief immer besser und ich konnte mir immer mehr Zeit für meine Tochter nehmen. Leider musste ich feststellen, dass ich einen weiteren wichtigen Aspekt im Leben „vergessen" hatte. Die Beziehung zur Mutter meiner Tochter. Wir lebten zwar in einer Wohnung und waren super gute Freunde, doch leider hatte ich es nicht geschafft, eine leidenschaftliche, glückliche Beziehung aufrechtzuerhalten. Kurzum, wir haben uns kaum gestritten, haben uns gut verstanden, aber die leidenschaftliche Liebe war verflogen, sodass wir beide mehr oder weniger gelitten haben. Das Leben musste mehr zu bieten haben als eine leidenschaftslose Beziehung von Freunden. Bemerkt habe ich dies recht früh, auch versucht, daran zu arbeiten, damals gedacht „ich hätte alles probiert", doch wir hatten uns auseinander gelebt und in unterschiedliche Richtungen entwickelt.

Lange Zeit dachte ich über eine Trennung nach, wollte diese jedoch keinesfalls, da ich für meine Tochter da sein wollte. Ich erinnerte mich immer wieder an die ersten zwei Stunden ihres kleinen Lebens, als sie auf meiner Brust schlief und ich ihr versprochen hatte, dass ich es besser machen werde als meine Eltern und immer für sie da sein werde.

Eine Trennung von Mutter und Vater wie bei meinen Eltern kam da nicht in Frage. Und doch merkte ich, wie ich innerlich immer mehr abstumpfte und so vieles in mir abstarb.

Kein Mensch kann auf Dauer ohne die Liebe zu einem anderen Menschen, und hier rede ich nicht von der Liebe zu seinem Kind, leben.

So wurde mir eines Tages klar: Ich lebe meiner Tochter genau das vor, was ich für ihr Leben niemals wollte. Eine unglückliche Beziehung.

Da ich mir sehr viel Mühe gegeben hatte, die Beziehung wieder in Gang zu bekommen, es aber einfach nicht hinbekam und es mir auch nicht anmaßen konnte, dass ich eine andere

Person, in diesem Falle die Mutter meines Kindes, dazu zu zwingen, mein Leben zu leben und sie ihres eigenen zu berauben, traf ich die Entscheidung zu gehen und die Beziehung zu beenden.

Auf der einen Seite hatte ich die verloren geglaubte Freiheit und Möglichkeit, mich zu dem zu entwickeln, der ich sein wollte, wieder. Doch musste ich vorerst erst loslassen, was ich am meisten liebte: meine Tochter. Plötzlich konnte ich sie nicht mehr täglich sehen und immer für sie da sein. Damit musste ich mich meinen größten Ängsten stellen und durchlebte die schwerste Zeit in meinem Leben.

Anfangs lief der Kontakt mit meiner Ex und dem Zugang zum Kind noch sehr gut, doch schon bald fand sie einen neuen Lebenspartner. Und wie das Schicksal manchmal so will, musst dieser auch noch Anwalt für Familienrecht sein und mich nicht mögen ...

Nun verübeln kann ich es ihm auch nicht, musste er doch so einiges an „verbrannter Erde", die ich bei meiner Exfreundin emotional hinterlassen habe, ertragen und verarbeiten. Wir alle sind nicht fehlerfrei und ich habe damals auch noch nicht gewusst, was ich heute weiß. Sonst wäre die Trennung wohl doch noch etwas sauberer für meine Ex und sicher auch für unsere Kleine abgelaufen.

Hinzu kam, dass er ca. 700 km entfernt wohnte und meine Exfreundin sich entschied, ziemlich schnell zu ihm zu ziehen. Natürlich komplett ohne mich zu fragen. Hätte sie dies gedurft? Nein. Hat sie gefragt? Nein.

Was sollte ich tun? Nun wohnte meine geliebte Tochter 700 km entfernt und der nette Anwalt für Familienrecht verklagte mich gefühlte 100mal wegen jedem Kleinmist. Hauptstreitthemen waren der Unterhalt, das Umgangsrecht und jede Menge anderer Kleinigkeiten.

Für eine lange Zeit galt also: kaum Kontakt zur Ex und die Tochter nicht sehen. Wenn, dann hieß es 1.400 km fahren und im Hotel übernachten. Ich musste also finanzielle Wege finden, dies so oft wie möglich tun zu können.

Alles in allem eine sehr unzufriedenstellende Situation und das traurige Gesicht der Kleinen, wenn Papa schon wieder weg musste, brannte sich tief ein. Damals habe ich emotional massiv darunter gelitten, doch was noch viel schlimmer ist, war, wie sehr meine Tochter darunter gelitten hat. Tränen, Verzweiflung, Verlustangst ...

An so manche Heimfahrt voller Tränen und Hilflosigkeit kann ich mich noch erinnern. Dass damals nichts Schlimmes passiert ist, grenzt an ein Wunder. Ein Vater mit Tränen in den Augen, der auf der Autobahn den Tempomat bei 250 km/h setzt, nur um so schnell wie möglich zu fahren, damit er keine Chance hat, über die Situation nachzudenken ...

Dann half mir das Schicksal ein wenig. Meine Ex und ihr neuer Partner trennten sich für eine Weile. Das war meine Chance, mit meiner Ex wieder ein gutes Verhältnis aufzubauen. Nicht, um wieder zusammenzukommen, sondern um die Freunde zu sein, die wir auch in unserer Beziehung waren.

Der alte Spruch bei einer Trennung „Wir bleiben aber Freunde" ist uns wohl allen bekannt und jeder weiß: Das wird nichts. Wer will schon mit seiner/m Ex nach der Trennung zusammenhängen? Zu viele emotionale Vorbelastungen durch nicht erfüllte Bedürfnisse in der Beziehung und auch die Trennungsphase war nicht sehr dienlich.

Doch da wir beide das Beste für die Kleine wollten und sehen konnten, wie sehr sie unter der Trennung vom Papa litt, entschieden wir uns, die Differenzen zu begraben und der Kleinen Zugang zu uns beiden zu gewähren.

Sie half mir auch zu verstehen, warum ich so viel Unterhalt zahlen musste. In meiner damaligen Welt war sie es, die aus mir das Geld herauspressen wollte, die sich auf meine Kosten ein schönes Leben machen wollte. Sie hatte sich ja genau in dem Moment, als gerichtlich beschlossen wurde, wie viel Unterhalt ich zahlen muss, ein neues Auto gekauft ...

Es dauerte eine Weile und dann verstand ich, das Geld, das ich zahlte, war nicht für meine Ex, sondern für die Kleine. Auch wenn es offensichtlich für eine große Wohnung und ein neues Auto ausgegeben wurde, erkannte ich den Vorteil für die Kleine darin.

Ja, eine große Wohnung tut der Kleinen gut. Sie hatte ein eigenes Zimmer, was ohne meinen Unterhalt nicht möglich gewesen wäre. Ja, ihre Mutter hatte sich gerade einen Neuwagen gekauft, was ich noch nie getan habe. Auch dies hat einen entschiedenen Vorteil für meine Tochter. Jeden Morgen steht die Alternative: Durch die Kälte und Regen mit dem Bus zur Kita oder einfach in ein komfortables Auto steigen und aufgewärmt in der Kita ankommen. Das Auto entscheidet auch darüber, ob Mama morgens und nachmittags je 45 Minuten mehr Arbeitsweg mit dem Zug hat oder diese Zeit mit dem Kind verbringen kann, ob noch Zeit und die Möglichkeit besteht, dass die Kleine nachmittags zum Reiten gehen kann oder ob dies ausfallen muss, da auf dem kleinen Dorf, wo sie wohnt, kein Bus mehr fährt. Auch entscheidet der Unterhalt, den ich zahle, ob mein Kind richtiges Essen bekommt oder von billigen Tütensuppen leben muss, ob es zu kurze Hosen vom Flohmarkt oder passende Hosen aus dem Laden tragen kann.

Ich erkannte, der Unterhalt hat seine Berechtigung. Auch wenn er dafür eingesetzt wird, dass Mama sich mal einen Babysitter leistet und einen Abend für sich und ihren Partner nimmt. Niemand ist glücklich, wenn er 100% Mutter oder Vater ist und keine Zeit für sich selbst hat, weil das Kind immer bei ihm ist. Wie sagt man so schön: „If Mama ain't happy, nobody is happy".

Wenn die Ex mithilfe meines Geldes ein besseres, sorgenfreieres Leben leben kann, so wird auch meine Tochter dies tun. Denn sie kann maximal so glücklich und happy sein, wie ihre Mutter, bei der sie lebt.

Auch möchte ich gern wissen, wer der neue Mann im Leben meiner Tochter ist, denn das hat sicherlich auch Einfluss auf ihr Leben. Lass uns doch mal sehen, ob wir einen Weg finden, miteinander klarzukommen und uns zu mögen. Denn das Leben wird für uns beide – und vor allem für die Kleine und ihre Mutter viel, viel einfacher, wenn wir zwei uns nicht bekriegen, sondern verstehen!

Was soll ich sagen, ich stieß zum Glück auf offene Ohren und wir gaben der angehenden Freundschaft eine Chance. Anfangs mochten wir uns beide nicht, doch wir waren beide Manns genug, um unser Ego hintanzustellen und zu schauen, wie wir miteinander klargekommen wären, wenn es keine „ungünstige Vorgeschichte" gegeben hätte.

Um einen langen Prozess abzukürzen: Heute verstehen wir uns supergut, sind sogar richtige Freunde. Wir haben auch geschäftlich Wege gefunden, uns zu ergänzen. Heute vertritt er mich, wenn ich rechtlichen Beistand brauche, und ich übernehme das Internet-Marketing für seine Kanzlei, damit er neue Mandanten gewinnen kann.

Auch meine neue Lebenspartnerin haben wir gut mit eingliedern können und nun verstehen wir uns alle vier, also meine Exfreundin mit ihrem neuen Partner, ich und meine neue Partnerin, sehr gut.

Wenn wir bei meiner Kleinen zu Besuch sind oder sie abholen, sitzen wir zu viert zusammen, essen gemeinsam, machen gemeinsame Ausflüge mit dem Rad oder ins Schwimmbad. Ihr könnt euch sicher vorstellen, wie happy die Kleine ist, wenn ihre beiden Familien, denn sie hat ja genau genommen zwei Familien, eine mit Mama und eine mit Papa, gemeinsam unterwegs sind und sich alle verstehen.

Selbst in Situationen wie dieser: Wir sitzen alle gemeinsam beim Essen und unterhalten uns danach noch längere Zeit. Die Kleine kommt ins Zimmer gestürmt ... und springt dem neuen Partner ihrer Mutter auf den Schoß und kuschelt mit ihm. Ich kann mir vorstellen, wie viele Väter, die dies lesen, gerade reagieren. Ahhh ... der Supergau! Das Ego meldet sich mit „Wie kann sie dem auf den Schoß springen?? Bin ich nicht gut genug?? Liebt sie ihn mehr als mich??" und mit vielen ähnlichen Gedankengängen.

Doch was ist, wenn man das eigene Ego an der Garderobe abgegeben hat? Ist es dann nicht toll und schön anzusehen, wenn man weiß, dass die Tochter den neuen Partner der Mutter, mit dem sie ja einen Großteil der Zeit verbringt, mag, und sich mit ihm versteht? Ist dies nicht das Beste für das Kind, statt zu erwarten, dass das Kind diese Bezugsperson nicht leiden kann?

Auch andersherum haben wir es erlebt. Wir sitzen zu viert und meine Tochter springt plötzlich meiner neuen Lebenspartnerin auf den Schoß, umarmt sie, knutscht sie und sagt ihr wie sehr sie diese lieb hat – und das vor den Augen der eigenen Mutter!?

Was macht das Ego von vielen Müttern in solchen Situationen? Eifersüchtige Ausraster sind keine Seltenheit und würden alles wieder zerstören. Doch ist dieses Verhalten wirklich schlecht für irgendwen? Besonders für das Kind? Oder ist es für das Kind toll, wenn es auch mit der neuen Partnerin vom Vater zurechtkommt und diese liebt?

Einmal mehr entscheidet das Ego der Mutter, ob es stark genug ist, wirklich das Beste für das Kind zu wollen. Ist es nicht auch gut für die Mutter zu wissen, dass das Kind in guten Händen ist und geliebt wird, wenn es allein beim Vater und seiner neuen Partnerin ist?

Liebe Eltern, ich bitte euch, euren Kindern zuliebe euer eigenes Ego an der Garderobe abzugeben und zu schauen, was das Beste für das Kind ist!

Wird dein Schmerz jemals geheilt werden?

Was ist emotionaler Schmerz eigentlich? Emotionaler Schmerz ist eine Reaktion, wenn die Ist-Situation nicht der Soll-Situation nach unserer Vorstellung entspricht!

Wenn wir der Meinung sind, unser Partner hätte uns so oder so zu behandeln, damit wir uns geliebt fühlen, und wenn er dies oder jenes tut, dann bedeutet dies eindeutig, dass er uns verachtet und uns nur Schlechtes will, dann haben wir Regeln und sind uns sicher, dass wenn jemand x macht, dies y bedeutet.

So könnte es sein, dass du der Meinung bist, wenn mein Partner mir rote Rosen schenkt und eine romantische Badewanne einlässt, dann liebt er mich. Dies ist meist am Anfang von Beziehungen so.

Sagen wir, ihr seid schon zwölf Jahre zusammen und in den letzten zehn Jahren gab es keine solchen Überraschungen, doch heute Abend kommst du nach Hause und findest die Rosen mit Kerzen und Badewanne vor. Reagierst du dann genauso? Ist dein erster Gedanke „Er liebt mich" oder ist dein Gedanke eher „Was hat er angestellt? Ist er fremdgegangen und will sich jetzt entschuldigen?"

Wie du siehst, hat viel weniger das, was der Partner oder auch Expartner tut, Einfluss darauf, wie wir uns fühlen, als die Bedeutung, die wir seinem Verhalten zuordnen.

Die Bedeutung, die wir dem Verhalten zuordnen, entscheidet darüber, ob wir Freude empfinden oder emotionalen Schmerz.

Du wirst das Verhalten deines/r Ex kaum ändern können, wohl aber die Bedeutung, die du diesem Verhalten zuordnest.

Welche Bedeutung du einem Ereignis oder Verhalten gibst und was es heißt, wenn jemand dies oder jenes tut oder auch nicht, liegt allein in deiner Macht!

Wann immer du also emotionalen Schmerz empfindest, weil dein Ex nicht zahlt oder sich nicht um die Kinder kümmert, oder deine Ex dich deine Kinder nicht sehen lässt, prüfe zuerst, warum du diesen Schmerz empfindest. Es ist nicht die Handlung deines Gegenübers, die den Schmerz entfacht. Es ist die Bedeutung, die du dem Verhalten zuordnest.

Frage dich also: „Was könnte dies noch bedeuten?", „Meint sie/er dies wirklich so böse?", „Welche positive Bedeutung kann ich der Sache geben?", „Entscheidet hier mein Ego über die Bedeutung oder mein Wunsch für das Beste für mein Kind?"

Erinnere dich an die Geschichte aus dem vorigen Kapitel, als das Kind vor der Mutter der neuen Partnerin des Vaters sagte, wie lieb sie diese hat. Was hatte in diesem Moment den Einfluss auf die Situation? Das, was die Kleine getan hat oder wie die Mutter reagiert hat? Warum hat die Mutter reagiert, wie sie reagiert hat?

Richtig, aufgrund der Bedeutung, die sie der Situation gegeben hat. Sie hätte einfach sagen können, wenn mein Kind bei der Neuen vom Ex auf den Schoß springt, dann bin ich weniger wert und mein Kind liebt mich nicht, die wollen mir mein Kind wegnehmen oder was auch immer. Oder sie konnte der Situation die Bedeutung geben: Ich bin froh, wenn mein Kind die Neue ihres Vaters mag und mit ihr super zurechtkommt. Sie soll sich bei ihrem Papa ja auch wohlfühlen. So ist es besser (fürs Kind und alle Beteiligten), als wenn sie die neue Partnerin des Vaters nicht leiden kann.

Nicht was andere sagen oder tun, ist entscheidend, sondern das, was wir selbst zu uns sagen, nachdem jemand etwas gesagt oder getan hat.

Wir entscheiden also mit unseren Meinungen und Denkweisen selbst, ob wir leiden oder uns freuen. Es liegt alles in der Bedeutung, die wir Dingen, die geschehen, zuordnen.

Dein Leiden kann also ein Ende haben. So lange du dich jedoch auf das Negative konzentrierst und die Dinge, die geschehen oder Worte, die andere sagen, gegen dich aufnimmst, wird dein Leiden weitergehen.

Der Schlüssel liegt darin, Bedeutungen zu finden, die dir – und vor allem deinem Kind – gut tun und Energie und Kraft spenden, statt diese zu rauben.

Doch wie macht man dies? Nun, wann immer du merkst, dass dich etwas aufregt, du innerlich einen Groll verspürst, du etwas nicht für richtig hältst, dann frage dich: „Was könnte dies noch bedeuten? Meint er/sie es wirklich böse? Wie müsste ich die Sache sehen, um meinem Kind ein besseres Leben zu ermöglichen?"

Wenn du nicht gleich beim ersten Mal zu einer besseren Antwort und einer besseren Bedeutung kommst, dann frage dich immer wieder: „Was könnte es noch bedeuten?", „Was ist das Positive daran?"

Dein Gehirn ist der ultimative Computer und findet auf alle Fragen, die du ihm stellst, eine Antwort. Stellst du lausige Fragen, wie „Warum tut er/sie mir das an?", „Warum muss ich so leiden?", „Wieso passiert dass immer mir?", so wird dein Gehirn die Antwort auf diese Fragen finden. Lausige Fragen bringen lausige Antworten hervor. Wenn du dich allerdings fragst: „Was ist das Gute daran?", „Wie kann ich dies zum Wohle meines Kindes nutzen?", „Was ist gut daran für mein Kind?", so wirst du positive Antworten finden.

Auch wenn du nicht gleich die Antwort findest, frage weiter. Dein Gehirn wird dir eher früher als später positive Antworten auf positive Fragen liefern!

Frage immer weiter, bis du eine Antwort findest, die dir und deinem Kind gut tut und euch beide glücklicher leben lässt!

Dann wird auch dein Schmerz geheilt werden, völlig unabhängig davon, wie dein(e) Ex sich verhält.

Und glaube mir, wenn du in einem guten Zustand bist und jegliche Kommunikation mit ihm oder ihr aus einem positiven Zustand heraus mit einer positiven Bedeutung startest, so wird auch sie oder er viel positiver und ausgeglichener reagieren. Druck und Streit können nur entstehen, wenn entsprechend Gegendruck vorhanden ist. Hast du eine positive Bedeutung gefunden, so wird kein Gegendruck vorhanden sein und somit auch kein Streit möglich.

Dem/Der Expartner(in) ver-geben

Das Ver–Geben ist die hohe Kunst des Gebens. Es ist ein Schlüssel zu den höheren Stufen unserer geistigen und spirituellen Entwicklung. Tatsächlich wird kaum etwas so sehr unsere Energie blockieren und Überfluss verhindern wie der anhaltende Hass und Groll gegen eine andere Person.

Solche negativen Emotionen rauben uns Glück und Frieden und sind eine Hauptursache für psychosomatische Krankheiten. Auch negative Gefühle haben die Tendenz, sich zu materialisieren. Sie richten sich in erster Linie gegen uns selbst, machen krank und verkürzen das Leben.

Zu vergeben wird nicht immer leicht fallen – je nachdem, was vorgefallen ist. Aber ist es nicht wichtiger, aus unserem Leben ein Meisterwerk zu machen, als Groll- und Hassgefühlen nachzugeben? Wir sollten allen vergeben: uns selbst, unseren Eltern, unserem/r Expartner(in) und allen übrigen Menschen.

Bevor du deinem/r Ex vergibst, vergib deinen Eltern

Viele Menschen haben ihren Eltern nicht vergeben. Und so leiden sie noch nach Jahren unter Ungerechtigkeiten, Unfreundlichkeiten und Grausamkeiten, die diese ihnen zugefügt haben. Ein lebenslanger Groll ist ein zu furchtbarer Preis für etwas, was wir sowieso nicht mehr ändern können.

Dazu kommt etwas sehr Wichtiges: Erst wenn wir unseren Eltern vergeben, werden wir wirklich erwachsen. Bis zu diesem Zeitpunkt bleiben wir Kinder, weil wir emotional noch von unseren Eltern und ihrem früheren Verhalten uns gegenüber abhängig sind. Indem wir ihnen vergeben, befreien wir uns selbst. Erst jetzt werden wir wirklich erwachsen. Wir müssen uns über eventuelle Schmerzen der Kindheit erheben und sie loslassen. Dies gelingt uns am ehesten, wenn wir uns vergegenwärtigen, dass unsere Eltern ihr Bestes getan haben – mit den ihnen zur Verfügung stehenden Mitteln.

Vergib deiner/m Expartner(in) so schnell wie möglich

Solange wir negativen Gedanken und Groll unnötigen Raum in unserem Kopf geben, leben wir weiter in der Vergangenheit. Wir können die Schönheit des Moments nicht sehen.

Eine neue Liebe zu einem neuen Partner und auch die wahre, bedingungslose Liebe zu deinem Kind kann nicht existieren, solange Groll herrscht.

Es ist zum Beispiel eine große Dummheit, wenn du deinem/r Expartner(in) nicht so schnell wie möglich vergibst.

Die Chance auf eine neue Liebe und auch auf eine liebevolle Beziehung zu deinem Kind wird gewissermaßen eine Zeit lang verschoben. Warum?

Oft will man nicht sofort verzeihen, weil der andere dann seine Lektion nicht erhält und die gleiche Sache womöglich bald wieder macht.

Nach außen tut man dann so, als wäre es einem noch unmöglich zu verzeihen. Das Ganze sei noch zu frisch ...

Dabei sollten wir uns klarmachen, dass wir die Macht haben – und nicht eine vergangene Tat!

Man denkt, dass rasches Verzeihen der eigenen Macht schadet. Aber durch Liebesentzug – und den wird dein Kind unterschwellig spüren, auch wenn er nicht gegen es selbst gerichtet ist – zu strafen, ist falsche Macht.

Auf dieser Grundlage kann keine Beziehung wachsen, auch nicht die „Nachbeziehungsebene" zu deinem/r Ex, die dein Kind so sehr braucht. Tatsächlich ist das Gegenteil der Fall. Je eher wir verzeihen, desto eher werden wir wieder genießen – den Moment und die Liebe.

Das beste Zitat dazu, das ich je fand, lautet: „Ich werde ihm irgendwann doch verzeihen. Dann kann ich es auch gleich tun. Hierfür ist es hilfreich, sich auf die guten Seiten des Partners zu konzentrieren. Wenn du dir zehn Dinge in Erinnerung rufen kannst, die du an deinem/r Expartner(in) einmal geliebt hast, ist der Groll meist schon viel schwächer. Es gab einmal ein paar gute Eigenschaften, welche euch zusammen gebracht haben. Diese sind meist noch da. Du kannst dich auch heute wieder darauf konzentrieren!"

Leider ist mir nicht bekannt, von wem dieses Zitat stammt.

Natürlich kann etwas vorfallen, das ein weiteres Zusammensein nicht ratsam erscheinen lässt. Aber selbst wenn man sich getrennt hat, sollte man so schnell wie möglich vergeben.

Vergib auch allen übrigen Menschen!

Gib deine Vergebung ausnahmslos allen, die dir jemals irgendetwas Böses, Grausames und Dummes angetan haben.

Wahre Vergebung – dieser hohe Akt des Gebens – ist in seiner Natur zunächst ein selbstsüchtiger Akt.

Denn in erster Linie geht es gar nicht um die Person, der du vergibst, sondern um dich selbst. Es geht um dein Glück und das Glück deines Kindes, deinen Erfolg, deinen Seelenfrieden und den Seelenfrieden deines Kindes und es geht um dein Leben und deine Zukunft.

Es gibt kaum etwas Dümmeres, als einem Menschen zu grollen, dem du völlig egal bist.

Dadurch zerstörst du die Qualität eines Moments in deinem Leben – und der andere weiß noch nicht einmal etwas davon.

Wer lange grollt oder gar Hass entwickelt, schwächt sich, nicht den anderen, gegen den er Groll hegt. Dein Groll schwächt dich und dein Kind – nicht deine(n) Expartner(in).

Dies ist insbesondere dann der Fall, wenn die Idee entsteht, man konnte wegen dieser betreffenden Person nicht glücklich werden.

Wem wir die Schuld geben, dem geben wir die Macht.

Solange wir andere für unsere Situation verantwortlich machen, blockieren wir unsere eigenen Kräfte und verhindern ein glückliches und balanciertes Leben für uns selbst und unser Kind.

Wie sieht dies in der Praxis aus?

Vergib zuerst in deinem Herzen. Lerne, besonders diejenigen zu segnen und ihnen Glück zu wünschen, die dich verletzt haben.

Vergib innerlich jedes Mal, wenn die Erinnerungen an die Taten zurückkehren.

Du wirst erleben, dass diese Erinnerungen bald ihre Macht über dich verlieren. Darüber hinaus kannst du ein Telefonat oder ein persönliches Gespräch mit der Person führen. Vermeide aber Diskussionen und lass nicht zu, dass der andere sich rechtfertigt.

Sage einfach, dass du nur anrufst, um den anderen wissen zu lassen, dass du ihm vergibst.

Die letzte Möglichkeit ist die, einen Brief zu schreiben. Übernimm darin die volle Verantwortung. Zwar hat der andere dir möglicherweise etwas angetan, aber es lag und liegt immer noch an dir, wie du dieses Ereignis interpretierst und wie du darauf reagierst.

Stelle klar, dass du keine Entschuldigung für deine jetzige Situation suchst. Entschuldige dich für deinen Anteil an dem, was geschehen ist.

Teile vor allem mit, dass du alles vergibst, was der andere dir angetan hat. Und wünsche ihm oder ihr alles Gute.

Glückliche Menschen üben sich in der Kunst des Gebens. Und sie praktizieren das Vergeben. Beides adelt sie und macht aus ihnen freundlichere, mitfühlendere und gewinnendere Menschen. Zu geben ist die Voraussetzung für wahren Überfluss, Glück und Frieden.

Deine(n) Ex verändern

- damit er/sie endlich tut, was er/sie soll

Wir alle kennen das Gefühl: Wenn ich meine(n) Ex nur ändern könnte, damit er/sie endlich einsieht, dass er/sie falsch liegt ...

Wir verstehen nicht, dass sie/er es nicht versteht ... Wir sind doch 100%ig im Recht. Wenn er/sie nur endlich tun würde, was wir wollen ...

Immer und immer treten wir mit der Brechstange an, um die Meinung und Einstellung des anderen zu ändern. Doch je mehr wir versuchen, den anderen von unserer Meinung zu überzeugen, desto mehr verhärten sich die Fronten. Bis bald keiner mehr mit dem anderen reden kann, ohne sich anzuschreien.

Und wer steht mittendrin? Die armen Kinder! Wenn die Kinder nicht direkt anwesend sind und das ganze live mitbekommen, was ein absolutes Unding wäre, dann spüren sie unseren Ärger hinterher auf unterschwelliger Ebene.

Wer von uns kann behaupten, dass er absolut unschuldig sei, sein Kind, den eigenen inneren Unmut, der durch den Stress mit dem/r Ex entstanden ist, gespürt haben zu lassen? Und sei es nur dadurch, dass wir genervt mit gehobener Stimme auf eine Kleinigkeit reagiert haben? Plötzlich fahren wir durch die Decke, wegen einer Kleinigkeit.

Und schon sehen wir die geschockten, verständnislosen Augen unseres Kindes. Natürlich tendieren wir dazu, den oder die Ex dafür verantwortlich zu machen, denn schließlich ist er ja an unserer miesen Laune schuld.

Doch ist er/sie es wirklich? Er oder sie waren in diesem Moment nicht im Raum, ja sogar nicht einmal in unserem Kopf. Alles, was in unserem Kopf vorging, waren die Repräsentationen von dem, was er bzw. sie gesagt oder getan hat.

Wichtig ist zu erkennen, egal was der andere getan oder gesagt hat, weswegen wir sauer, verärgert oder genervt sind. Es ist schon lange her und meist nicht halb so schlimm gewesen, wie wir es empfinden. Doch wir haben es in den letzten Stunden, Tagen, Wochen oder gar Monaten und oft sogar Jahren immer und immer wieder in unseren Gedanken wiederholt und sind immer saurer geworden.

Wir schleppen diesen Groll mit uns herum. Oft spreche ich mit Müttern, die sich darüber aufregen, dass der Vater den Besuchstermin vor acht Wochen abgesagt hat.

Die Frage ist: Wie oft hat er den Termin wirklich abgesagt? Ein einziges Mal ... doch wie oft haben wir dies in unserem Kopf durchgespielt und uns darüber aufgeregt? Nur ein Mal? Zehn Mal? Tausend Mal? Vermutlich mehrere zehntausend Mal! Immer und immer wieder denken wir daran und steigern uns in den Groll und das Unverständnis hinein. Schon nach wenigen Tagen wird in unserer Gedankenwelt aus einem abgesagten Besuchstermin „Das macht er immer", „Er hat kein Interesse an seinem Kind", „Er macht das nur, um mir meinen freien Tag zu versauen" ... und noch viele weitere weniger unterstützende Bedeutungen.

Im Grunde wurde nur ein einziger Termin abgesagt. Die Begründung haben wir schon lange vergessen oder gar nie hören wollen. Doch in unserem Kopf haben wir dies noch weitere zehn- oder gar hunderttausend Mal durchgespielt und empfinden tiefe Verbitterung.

Doch wer spürt diese Empörung hauptsächlich? Der Ex? Nein. Hauptsächlich und 24 Stunden am Tag musst du selbst mit diesem Groll leben. Und das Schlimmste daran ist: Dein Kind muss ebenfalls mit diesem Groll leben. Es ist ständig von einem Menschen mit Hass und negativen Gedanken umgeben und spürt von früh bis spät diese negative Energie.

Wer ist in diesem Falle schlechter für das Kind? Der Vater, der einen Besuchstermin abgesagt hat, oder die Mutter, die innerlich für Tage, ja sogar Wochen so aufgebracht ist, dass sie wenig Liebe und Geborgenheit ausstrahlen kann, egal wie viel Mühe sie sich gibt. Wie ihr euch sicher vorstellen könnt, betrifft dies nicht nur die Mütter, sondern auch die Väter. Egal wer sich in Kindesnähe befindet.

Wichtig ist zu erkennen, dass so lange wir uns über den Expartner aufregen und einen innerlichen Groll hegen – auch wenn dieser in unserer momentanen inneren Welt völlig berechtigt ist –, wir unser Kind mehr verletzen und emotional schädigen, als es der Vater bzw. die Mutter aus der Ferne je tun könnte!

Dein emotionaler Zustand hat Auswirkungen auf dein Kind! Daher kommst du nicht umhin, dich regelmäßig zu fragen:

Wie fühle ich mich gerade innerlich? Was geht in mir vor? Bin ich gelassen und entspannt? Oder bin ich verbittert und verärgert?

Was kommuniziere ich meinem Kind gerade auf der Emotionsebene, ganz ohne Worte?

Liebe oder Groll? Dabei entscheidet nicht, mit welcher Absicht ich meinem Kind entgegentrete, sondern wie mein innerer Zustand ist.

Einen guten Hinweis auf deinen inneren Zustand gibt dir jederzeit der Selbstcheck, ob du dich im Recht fühlst und der Meinung bist, der/die andere wäre im Unrecht.

Wann immer du das Gefühl hast, im Recht zu sein und der/die andere im Unrecht, ist dies ein eindeutiges Zeichen dafür, dass du innerlich unausgeglichen und voller Groll bist!

Wahrscheinlich war dies nicht erst nach dem Ende deiner Beziehung zum Vater oder zur Mutter deines Kindes der Fall. Schon vorher hast du dich oft im Recht gefühlt und warst der Überzeugung, dass dein Expartner etwas falsch gemacht hat oder etwas falsch sieht. Ich wage sogar zu behaupten, dass dieses „Recht-haben-Wollen" einen großen Teil zu eurer Trennung beigetragen hat, wenn du ehrlich bist.

Deinem Kind zuliebe musst du dich entscheiden:

Will ich Recht haben oder meinem Kind Gutes tun und es mit Liebe beschenken?

Ein altes Sprichwort sagt: „In einer Beziehung kannst du entweder Recht haben oder lieben."

Auch wenn du zu deinem/r Ex keine Liebesbeziehung mehr hast: Eine Beziehung werdet ihr bis ans Ende eures Lebens miteinander haben. Die Beziehung zweier Eltern zu ihrem Kind.

Diese Frau oder dieser Mann wird ein Teil deines restlichen Lebens sein. Ob du dies magst oder nicht. So wird es sein. Und wirst du dies nicht akzeptieren oder wahrhaben wollen, so wird nur einer darunter leiden: dein Kind!

Es wird einen Tag im Leben deines Kindes geben, der für es sehr wichtig ist. Nehmen wir an, dein Kind will später einmal heiraten und weiß nicht, wen es einladen soll, Mama oder Papa. Denn ihr habt es nicht hinbekommen, euch zu vertragen. Es weiß, dass – wenn ihr beide auf der Hochzeitfeier auftaucht – es Streit geben oder zumindest die Stimmung schlecht sein wird. Das Kind wird den schönsten Tag seines Lebens nicht genießen können, nur weil ihr zwei es nicht hinbekommen habt, euch nach der Trennung wie normale Menschen zu vertragen. Und noch viel schlimmer! Wahrscheinlich wird deine Tochter oder dein Sohn an diesem Tage sogar die oder den Falschen heiraten. Einfach aus dem Grund, dass wir alle unbewusst das Leben unserer Eltern modellieren. Die Beziehung zwischen Mutter und Vater – auch nach einer Scheidung – ist maßgeblich entscheidend für das Leben deines Kindes.

Streitet ihr euch und seid nicht mit euch im Reinen, so wird dein Kind unbewusst einen Partner suchen, mit dem es langfristig nicht im Reinen sein kann, und sich streiten und trennen wird!

Kannst du mit dieser Verantwortung leben? Kannst du es verantworten, dass dein kleiner Schützling ein solches Leben lebt?

Was kannst du also tun, damit dein(e) Ex sich ändert und endlich tut, was du für richtig hältst?

Genau: Du kannst sie/ihn niemals ändern! Denn jeder Versuch wird zu massivem Ärger und Groll führen, den dein Kind auszutragen hat.

Den/die einzige(n), den/die du ändern kannst, bist du selbst. Wenn du innerlich keinen Groll hegst und deine Mitte gefunden hast, so wirst du ganz anders mit deiner/m Ex kommunizieren. Egal welches Anliegen du vorträgst: Tust du es aus einem beruhigten, liebevollen Zustand, so sind deine Chancen, etwas zu erreichen und ihn/sie zum Nachdenken oder Handeln zu bewegen, wesentlich höher.

Den anderen zu ändern, wird dir nie gelingen.
Du kannst nur dich ändern.
Und ändert sich deine Innenwelt,
so ändert sich auch deine Außenwelt!

Warum alleinerziehende Mütter oft massive Probleme haben, eine neue Beziehung zu finden

In vielen Jahren der Forschung, Gespräche und aus Beobachtungen habe ich festgestellt, dass alleinerziehende Mütter oft massive Probleme haben, einen neuen liebevollen Partner zu finden.

Warum ist dies so? Frage ich alleinerziehende Mütter, so bekomme ich meist eine der folgenden Antworten:

„Ich habe gar keine Zeit für eine neue Beziehung", „Ich will gar keine neue Beziehung, die Typen sind doch alle gleich", „Wer will schon eine Mutter mit Kind?", „Ich habe mein Kind, das gibt mir alle Liebe, die ich brauche!" oder etwas Ähnliches.

Dabei habe ich festgestellt, dass all diese Aussagen immer mit einem gewissen Groll gegen die Männerwelt behaftet sind. Meist wird der Groll auf den Ex gleich auf alle Männer übertragen. Wer will schon eine Beziehung mit jemandem eingehen, der gegen jemanden massiven Groll hegt? Männer sind in der Glaubenswelt alleinerziehender Mütter oft sehr negativ behaftet.

Zum Glück ist dies jedoch nicht bei allen getrennten Eltern der Fall. Einige Frauen haben auch nach der Trennung vom Vater ihrer Kinder wieder liebevolle Beziehungen zu anderen Männern.

Was macht dabei den Unterschied? Ich habe festgestellt, dass die Chance, eine neue, liebevolle Beziehung zu finden, davon abhängig ist, inwieweit das Verhältnis zum Expartner und Vater der Kinder geklärt ist.

Kaum eine Frau, die Groll gegen den Vater ihrer Kinder hegt, ist in der Lage, einen anderen Mann wirklich innig und offen zu lieben. Zwar gehen manche wieder Beziehungen ein, doch enden diese meist in ähnlichen Katastrophen wie die Beziehung zum Vater der Kinder.

Und wer leidet wieder darunter? Die Kinder. Kannst du dir vorstellen, welche emotionalen Auswirkungen es auf ein Kind hat, wenn es den vierten neuen „Vater" in nur zwei Jahren vorgestellt bekommmt? Dieses Kind lernt nur, nicht mehr zu lieben, denn es wird diese Liebe ohnehin wieder verlieren. Ist dies die Message, die du deiner Tochter/deinem Sohn mit ins Leben geben willst?

Dabei hilft es auch nicht, den neuen Partner dem Kind als „Mamas neuen Freund" vorzustellen. **Für das Kind ist es eine Bezugsperson, egal wie ihr es nennt.** Noch schlimmer wird es sein, wenn sich der neue Partner „aus der Erziehung völlig heraushält". Denn Kinder suchen und testen Grenzen. Sie wollen erfahren, wie weit sie gehen können und wo die Grenzen sind. Erfährt ein Kind keine Grenzen, so wird es oft nicht nur zum Tyrannen, sondern auch innerlich völlig unglücklich und verloren.

Jeder neue Mensch im Leben von Mutter oder Vater wird zu einer Bezugsperson und kein Kind wird es verstehen, wenn diese Bezugsperson zu häufig wechselt.

Du siehst also, es hat nicht nur Einfluss auf dein inneres Gefühlsleben, sondern auch auf deine zukünftigen Beziehungen und das Weltbild, mit dem dein Kind aufwächst, ob du es meisterst, die Beziehung zu deinem/r Ex ins Reine zu bekommen.

Dabei rede ich nicht davon, dass du ihn oder sie wieder lieben sollst, jedoch musst du an einen Punkt kommen, wo keinerlei negative Emotionen mehr in dir hochkochen, wenn du sie oder ihn siehst bzw. an sie oder ihn denkst.

Doch Achtung: Auch Gleichgültigkeit ist eine Emotion. Und zwar eine sehr negative! Gleichgültigkeit zieht den Lebenssaft aus allem. Gleichgültigkeit bedeutet, innerlich abgestorben zu sein.

Wenn du also sagst „Er/sie ist mir völlig egal.", so weist dies darauf hin, dass du noch einen massiven Groll in dir hast, den du lediglich verleugnest!

Ich bin der Meinung, dass du sogar recht positive Gefühle für deine(n) Ex haben musst, um die Situation zu meistern. Immerhin habt ihr euch einmal geliebt und das höchste Gut des Lebens, ein Kind, gemeinsam gezeugt.

Allein für dieses tolle gemeinsame und lebensprägende Erlebnis ist es angebracht, positive Gefühle zu hegen wie für einen sehr guten Freund, einen Bruder, einen Seelenverwandten.

Was willst du wirklich?

Wenn du ehrlich zu dir bist, was willst du wirklich? Was ist dir wichtig in der Beziehung zu deinem/r Ex und deinem Kind?

Wie oft höre ich „Ich will es ihm/ihr so richtig heimzahlen, was er/sie mir angetan hat“, „Er/sie soll dafür bluten, was er/sie getan hat“, „Er/sie muss ausbaden, was er/sie sich selbst eingebrockt hat“ oder Ähnliches. Aus fast allen Antworten darauf sinnen Rache und Vergeltung.

Wir leben in der Illusion, dass der Schmerz, den wir spüren, dadurch vergehen würde, dass wir dem Verursacher des Schmerzes mindestens genauso viel oder am besten noch mehr Schmerz zufügen.

Doch Schmerz erzeugen hat noch nie Schmerz gelindert, sondern immer mehr davon gebracht. Es ist unser Ego, das uns diktiert, dem anderen aus Rache Schaden zuzufügen oder es ihm nicht gut gehen zu lassen, nichts zu gönnen. Rache und Neid waren noch nie gute Berater, wenn es darum ging, Frieden zu stiften.

Willst du wirklich Rache und deinen Expartner verletzen? Oder willst du im Grunde nur, dass dein eigener innerer Schmerz geheilt wird? Ich bin mir sicher, ganz innen willst du lediglich, dass dein Schmerz nachlässt und du dich nicht mehr aufregen musst, endlich alles vergessen kannst.

Im Grunde will jeder Elternteil nur Frieden, Ruhe und Freiheit für sich und sein Kind! Dass wir glücklich leben, frei von Hass und Groll sind und sich unser Kind gut entwickelt und ein freies, glückliches Leben leben kann. Ein Leben in Balance und Ausgeglichenheit.

Meinst du wirklich, ein dauernder Kampf gegen deine(n) Ex wird dir jemals Frieden in deinem Leben geben?

Schon in der Bibel wird die Wichtigkeit von Vergebung betont. Vergebung und Entspannung. Ganz sicher ist vieles schief gelaufen und viel Mist am Ende eurer Beziehung passiert und die Trennungsphase war ganz sicher alles andere als sauber und liebevoll. Doch das ist alles Vergangenheit. Es ist vorbei. Ja, sicher musst du noch mit der einen oder anderen Konsequenz leben und dein Leben könnte leichter sein, wenn es nicht zu solch einer schmutzigen Trennung gekommen wäre. Ist es aber nicht.

Es ist, wie es ist, und es kann nicht mehr anders sein!

Weder du noch dein Kind oder dein(e) Ex können rückgängig machen, was passiert ist. Die Vergangenheit ist, wie sie ist, und kann nicht anders sein. Auch die Gegenwart ist, wie sie ist, und kann nicht anders sein. Doch die Zukunft kann anders werden. Die Zukunft kann der Gegenwart gleichen und der ganze Schmerz kann dich und dein Kind noch für Monate, Jahre, Jahrzehnte und durch das ganze Leben begleiten. Das ist einfach! Du musst einfach nur weiterhin das tun, was du in den letzten Wochen und Monaten getan hast!

Soll deine Zukunft jedoch anders sein und sollst du wieder ein glückliches, freies und entspanntes Leben voller Freude und Liebe leben, so kommst du nicht umhin, etwas anders zu machen!

Wer also andere Resultate will, muss andere Samen sähen, um andere Früchte zu ernten. Wenn du dir für dein Kind also ein besseres Leben wünschst und es deinem Kind, egal ob es nun bei dir oder seinem Vater/seiner Mutter lebt, besser gehen soll als dir, so musst du Dinge anders machen. Denn dein Kind wird wohl oder übel dein Leben modellieren. Bekommst du es in deinem Leben nicht gemeistert, so wird es dein Kind später ebenso schwer haben wie du heute – oder vermutlich sogar noch schwerer!

Wenn du es also dir selbst zuliebe nicht schaffst, die Dinge anders zu sehen und dich von deinem Groll zu befreien, so tue es deinem Kind zuliebe.

Mal Hand aufs Herz: Kannst du dich noch an die Anfangszeit der Beziehung mit deiner/m Ex erinnern? Ganz am Anfang, lange bevor die Kinder kamen?

Wie bist du damals mit ihm oder ihr umgegangen? Sicherlich waren damals jede Menge positive und schöne Gefühle im Spiel. Sicher wirst du denken „Das ist aber lange her und seitdem ist so viel passiert, sie/er hat x und y gemacht und deswegen kann ich nicht mehr positiv über sie/ihn denken ..."

Kannst du dies nicht? Oder willst du dies nicht?

Egal was du im Leben erreichen willst,
es ist nie eine Frage des Könnens,
sondern immer eine Frage des Wollens!

Ein altes Sprichwort sagt: „Wo ein Wille ist, da ist auch ein Weg!"

Dieses bekannte Sprichwort ist übrigens nicht ganz vollständig. Die ursprüngliche Version lautete: „Wo ein Wille ist, da ist auch ein Weg. Wo kein Wille ist, da gibt es Ausreden!"

Es ist nie eine Frage von Können, es ist immer eine Frage von Wollen. Wer etwas wirklich will, der schafft es auch.

Wenn du noch immer sagst „das kann ich nicht", dann lass mir dir folgende Geschichte erzählen und ein paar Fragen dazu stellen.

Stell dir vor, auf einem kleinen Hügel steht ein Haus. In diesem Haus liegt in der dritten Etage ein Fünfhunderteuroschein auf dem Bett. Diesen Fünfhunderteuroschein kannst du bekommen, wenn du es in die dritte Etage dieses Hauses schaffst.

Jedoch ist das Haus umrundet von einem zwei Meter hohen Zaun mit Stacheldraht. Hinter dem Zaun ist ein zwei Meter tiefer und vier Meter breiter Graben voller Wasser. In diesem Wasser befinden sich ca. 150 Krokodile. Die Eingangstür des Hauses ist abgeschlossen und steht unter Strom.

Wirst du das Risiko auf dich nehmen und dir den Fünfhunderteuroschein holen?

Eher kaum, denke ich ... Könntest du es schaffen? Sicher. Willst du es schaffen? Eher nicht, aufgrund der hohen Risiken.

Doch was ist, wenn ich dir sage, auf dem Bett liegt kein Fünfhunderteuroschein, sondern deine Tochter und dein Sohn sitzen da und das Haus steht in Flammen. Wenn du es nicht innerhalb von vier Minuten zu ihnen schaffst, werden beide leider verbrennen.

Schaffst du es dann in die dritte Etage? Ich glaube, du liest gerade nicht mehr, sondern bist schon über den Zaun hinweggekommen und findest nun einen Weg über den Graben!

Wenn genügend „Warum" und genug Motivation vorhanden ist, so wirst du es schaffen, egal was dir im Wege steht. Es ist keine Frage mehr, „ob" du es schaffst, sondern nur noch „wie".

Wenn ein Wille – oder auch ein Grund – vorhanden ist, so schaffen wir ALLES, was wir uns vornehmen! Ausreden gelten dann nicht!

Du kannst also nicht sagen, dass du es nicht kannst, dich mit deinem/r Ex wieder gut zu verstehen. **Die Frage ist lediglich, ob du es deinem Kind zuliebe willst!**

Deine Kinder sitzen in dem Haus, der Zaun, die Tür und der Graben sind lediglich dein Ego, das du besiegen musst. Schaffst du dies, wirst du deine Kinder retten. Schaffst du es nicht, werden sie emotional in der Hitze eures Streits verbrennen. Könntest du damit leben, dass deine Kinder nicht zu dem geworden sind, was sie sein könnten, nämlich glücklich und zufrieden, weil du sie nicht retten WOLLTEST?

Wirksame Kommunikation mit der/dem Ex

Doch wie kommunizieren wir mit dem/der Ex, wenn wir selbst zwar eingesehen haben, dass aller Streit nichts bringt und wir unser Ego einfach an der Garderobe abgeben müssen, der oder die Ex diese Erkenntnisse jedoch noch nicht gemacht hat und völlig auf stur schaltet?

Wir müssen Verantwortung übernehmen für unser Verhältnis zu anderen

Es fällt schwer zuzugeben, dass wir immer die Macht über die eigenen Reaktionen haben. Insbesondere, wenn die eigene, selbst gewählte Reaktion schlecht war. Zu streiten, nur weil der andere angefangen hat, hat keinen Sinn. Wir können mit etwas anderem antworten als mit Streit und Krieg. Einer Giftschlange, die uns gebissen hat, hinterherzujagen, treibt das Gift nur schneller durch unseren Körper. Besser ist es, sofort Maßnahmen zur Entgiftung zu ergreifen.

Anstatt den Streit aufzugreifen, sollten wir uns daran erinnern, dass wir die Macht über unsere Reaktion haben. Hierzu können folgende Überlegungen hilfreich sein:

- Oftmals waren wir der Auslöser für die unfreundliche Handlung des anderen. Wenn wir uns dessen bewusst werden, dann sind wir die Täter – und haben die Macht, etwas wiedergutzumachen.

- Hinter dem Zorn des anderen liegen meist Ängste verborgen. So kann hinter einem Wutausbruch ganz einfach die Angst stecken, für den anderen nicht gut genug zu sein.

- Es ist leichter, unsere eigenen Regeln zu ändern, als andere Menschen zu verändern. Vielfach haben wir derart viele Regeln für andere aufgestellt, dass sie uns niemals zufriedenstellen können. Dann liegt der Grund für unsere Enttäuschung aber an unseren überzogenen Regeln und Erwartungen – und nicht am Unvermögen der anderen.

Wenn sich jemand uns gegenüber unangemessen verhält, so sollten wir uns sofort darauf besinnen, dass wir die Freiheit haben zu entscheiden, wie wir antworten wollen. Am besten verschieben wir unsere spontane Reaktion für ein paar Sekunden und fragen uns:

1. War dessen Aktion möglicherweise nur eine Reaktion auf mein vorheriges schlechtes Verhalten?

2. Kann ich Ängste hinter der Wut erkennen, den anderen dadurch besser verstehen und ihm helfen?

3. Worüber ärgere ich mich wirklich? Liegt es am anderen oder an meinen übertriebenen Regeln oder an meiner Unsicherheit?

Wir sehen die Welt nicht, wie sie ist, sondern wie wir sind

Wenn wir ständig über den oder die Ex schimpfen und das Gefühl haben, von bösen Menschen umgeben zu sein, dann ist die Wahrscheinlichkeit groß, dass es gar nicht an den anderen liegt, sondern an uns. Es gibt keine objektive Realität. Wir projizieren immer von uns auf andere. Wir sehen das in den anderen Menschen und vor allem in unserem/r Ex, was wir in unserem Herzen tragen.

Es gibt drei Wege, um andere Menschen mit Toleranz und Liebe zu betrachten:

- Erstens müssen wir mit uns selbst ins Reine kommen. Erst wenn wir uns mögen, können wir auch andere mögen.

- Zweitens dürfen wir andere nicht zu sehr analysieren. Wer eine Blume in ihre „Bestandteile" zerlegt, zerstört ihre Schönheit ...

- Drittens sollten wir uns auf das Schöne und Gute konzentrieren.

Viele Menschen lästern gerne über andere. Damit werten sie andere ungebührlich ab. Aber sie erweisen sich auch selbst einen Bärendienst. Wer über andere lästert, konzentriert sich auf Fehler und Schwächen. Damit wird die Welt für ihn zu einem Ort voller Fehler und Unzulänglichkeiten. Wenn wir dagegen das Gute in anderen suchen, werden wir es finden und dadurch die Welt viel freundlicher sehen. Ein altes Sprichwort lautet: „Was du in einem Menschen siehst, das wirst du. Licht, wenn du Licht siehst; Schmutz, wenn du Schmutz siehst."

Was sollen wir tun, wenn wir beschimpft werden?

Ein alter Meister hatte sich entschieden, nicht mehr zu kämpfen. Trotzdem wurde er von einem jungen Krieger herausgefordert. Der Meister saß nur da und reagierte nicht. Daraufhin versuchte der Krieger, ihn zu provozieren. Er beleidigte ihn und seine Vorfahren aufs Heftigste. Geduldig ertrug der Meister die Beschimpfungen; schließlich entfernte sich der junge Krieger frustriert. Die Schüler des Meisters konnten nicht verstehen, dass er sich nicht gewehrt hatte; sie schämten sich seiner sogar. Daraufhin fragte der Meister: „Wenn euch einer ein Geschenk machen will und ihr nehmt es nicht an, wem gehört es dann?"

Die Schüler antworteten: „Natürlich immer noch demjenigen, der es verschenken wollte." Der Meister fuhr fort:

„So ist es auch mit Neid, Wut und Hass. Wenn wir sie nicht annehmen, bleiben sie bei dem anderen."

24 goldene Regeln für den Umgang mit dem/der Ex

Die nachstehenden Regeln bieten einen Wegweiser, um unserem Gegenüber, in diesem Falle deinem/r Ex, zu geben, was es braucht. Jedes Mal, wenn wir uns an sie halten, vergrößern wir die Chance, dass es zu einem guten Verhältnis zwischen uns kommt, welches so unsagbar wichtig für die Entwicklung unserer Kinder ist.

Die nachstehenden Regeln bieten einen Wegweiser, um Menschen das zu geben, was sie brauchen. Jedes Mal, wenn wir uns an sie halten, vermehren wir das Guthaben auf unserem Beziehungskonto.

1. Ermutige den anderen, wann immer du kannst. Lobe seine Erfolge – und wenn sie auch noch so klein sind. Lob ist wie Sonnenschein Ohne ihn können wir nicht wachsen. Du kannst niemals zu viel loben.

2. Gib dem anderen immer die Möglichkeit, sein Gesicht zu wahren. Stelle niemanden bloß, erniedrige niemanden. Bagatellisiere die Fehler.

3. Spreche in Abwesenheit eines anderen Menschen nur positiv über ihn. Wenn du nichts Positives findest, schweige.

4. Beobachte den anderen aufmerksam. So fällt dir auf, wenn er etwas Gutes macht. Wenn du dann lobst, so begründe das Lob präzise, damit es sich nicht wie Schmeichelei anhört.

5. Appelliere immer an die edle Gesinnung und die edlen Motive des anderen. Jeder will sich gerne für großmütig und selbstlos halten. Wenn du möchtest, dass sich jemand verbessert, dann handle so, als wenn er diese Eigenschaften bereits besäße. Er wird sich dann jede erdenkliche Mühe geben, dich nicht zu enttäuschen.

6. Kritisiere möglichst selten und am besten nur indirekt. Greife nie die Person, sondern nur die Tat an.

Zeige dem anderen, dass du ihn aufrichtig magst und ihm helfen willst. Kritisiere niemals schriftlich.

7. Gib dem anderen die Möglichkeit, sich groß zu fühlen. Protze nicht, sondern gib eigene Schwächen zu. Mache dich klein. Wenn du dir Feinde schaffen willst, so übertrumpfe andere, wenn du dir Freunde schaffen willst, so lasse dich übertrumpfen.

8. Wenn du Fehler gemacht hast, entschuldige dich. Wenn du eine Rüge zu erwarten hast, komme dem anderen zuvor und gib dir diese am besten schnell selbst.

9. Mache Vorschläge, statt Befehle zu geben. So förderst du die Zusammenarbeit, ohne Widerstand zu provozieren.

10. Reagiere mit Verständnis auf die Verärgerung von anderen. Die Verärgerung des anderen ist oft nur ein Hilfeschrei nach Aufmerksamkeit. Gib anderen Menschen Mitgefühl und Aufmerksamkeit – sie bedürfen ihrer.

11. Spreche selbst so wenig wie möglich. Gib dem anderen eine Chance zu erzählen und sei ein guter Zuhörer.

12. Lasse den anderen glauben, die Idee stamme von ihm. Einer guten Idee ist es egal, wer sie hat. Und jeder möchte lieber glauben, nach seinen eigenen Ideen gehandelt zu haben.

13. Unterbreche den anderen nicht. Auch nicht, wenn du denkst, er sei im Unrecht. Er wird dir nämlich nicht zuhören, solange er noch etwas auf dem Herzen hat.

14. Versuche die Dinge vom Standpunkt des anderen aus zu sehen. Die Indianer sagen: „Gehe immer zuerst eine Meile in den Mokassins des anderen." Frage dich immer: Was ist der Grund für sein Handeln? Alles verstehen heißt alles verzeihen.

15. Bemühe dich niemals, Recht zu haben. Sei klüger, aber sage es dem anderen nicht. Gib zu, dass du dich vielleicht irrst – das macht jeden Streit unmöglich.

16. Schenke häufig etwas – auch ohne jeden Anlass. Finde kreative Wege, eine Freude zu machen. Der Einfallsreichtum der Geschenke zeigt, wie viele Gedanken du dir um den anderen gemacht hast.

17. Bei Widerspruch: Beherrsche dich. Höre zuerst aufrichtig zu. Suche nach Übereinstimmungen. Sei kritisch zu dir selbst. Verspreche, darüber nachzudenken, und danke für die Anregung.

18. Interessiere dich aufrichtig für den anderen. Mache es dir zum Motto, sich für andere zu interessieren, anstatt interessant zu sein. Zeige, dass du dir Gedanken machst, wie du ihm helfen kannst.

19. Lächle. Niemand braucht ein Lächeln so nötig wie derjenige, der für andere keines mehr übrig hat.

20. Sprich den anderen immer mit seinem vollen Namen an. Das zeugt von Respekt. Jeder hört seinen Namen gerne – viel lieber als einen Namensersatz.

21. Lerne die Dinge vom Standpunkt des anderen aus zu sehen. Fragen dich: Was braucht er wirklich? Wie kann ich ihm einen Vorteil verschaffen?

22. Sorge dafür, dass du in jedem Gespräch – auch am Telefon – erreichst, dass der andere ein besseres Gefühl hat: erstens zu sich selbst, zweitens zu dir.

23. Vergebe schnell. Sei niemals nachtragend.

24. Sende dem anderen still deine besten Wünsche, wenn du an ihn denkst.

Natürlich werden wir diese Regeln nicht alle sofort perfekt beherrschen. Wahrscheinlich gibt es keinen Menschen, der sie immer einhält. Aber es ist sinnvoll, sich diesem Ideal so weit wie möglich anzunähern.

Die 24 Regeln setzen nicht voraus, dass du für jemanden Liebe empfindest. Hier geht es um Tätigkeiten, die ein vorhandenes Gefühl verstärken – die aber auch ein Gefühl vielfach erst wecken.

Die notwendige Grundlage für die 24 goldenen Regeln ist Toleranz und Respekt. Je mehr wir uns für einen Menschen interessieren und uns bemühen, ihn zu verstehen, desto toleranter werden wir.

Manche Menschen benutzen einige dieser Regeln, um ihre Ziele zu erreichen. Das trifft nicht das Wesen dieses Wegweisers. Und damit tun sie sich und anderen langfristig nichts Gutes. Hier geht es nicht um das kurzfristige Aufbauen einer Fassade.

Wenn Pflanzen welk werden, malt man sie nicht grün an, damit sie besser aussehen. Man pflegt und gießt sie. Die 24 Regeln sollen helfen, dem anderen das zu geben, was er braucht.

Sei ein produktives Vorbild

Eine Frau kam zu Gandhi und bat ihn, er möge ihren kleinen Sohn davon überzeugen, nicht so viel Zucker zu naschen. Sie glaubte, die Worte des großen Mannes hätten mehr Gewicht als ihre eigenen. Gandhi antwortete, dass er sich drei Monate lang auf diese Aufgabe vorbereiten müsse.

Als die Frau drei Monate später mit ihrem Sohn erneut zu Gandhi kam, erklärte er dem Kind mit einfachen Worten, dass er besser nicht so viel Zucker essen solle. Zucker sei nicht gut für die Gesundheit. Er würde sicherlich stärker und größer, wenn er öfter darauf verzichten würde. Der Junge war sofort einverstanden.

Die Frau zog Gandhi auf die Seite, um zu erfahren, warum er sich auf so eine einfache Erklärung drei Monate vorbereiten musste. Gandhi antwortete: Um überzeugend zu sein, musste ich zunächst selbst drei Monate auf Zucker verzichten. Nur so konnte ich deinem Sohn das Vertrauen vermitteln, das Gleiche auch zu tun.

Alles, was wir sagen, hat viel mehr Gewicht, wenn wir nach unseren eigenen Worten leben. Was unsere Worte anderen bedeuten, können wir an dem Widerhall ermessen, den sie wecken.

Abraham Lincoln sagte:

**Was du tust, spricht so laut,
ich kann deine Worte nicht hören.**

Wenn die meisten Menschen unseren Worten nicht glauben, dann liegt das nicht so sehr an den anderen, sondern sehr wahrscheinlich an uns selbst.

Das Gesetz von Saat und Ernte und die Macht der Gewohnheit

Schon in der Bibel steht geschrieben: Solange die Erde besteht, wird nicht vergehen: das Gesetz von Saat und Ernte.

Das Gesetz von Saat und Ernte ist unbestechlich und kann von niemandem außer Kraft gesetzt werden, egal wie lange jemand studiert oder welche Machtposition er auch innehaben mag.

Gott, das Universum, das Kraftfeld – wie auch immer du diese größere Kraft aufgrund deines spirituellen Glaubens nennen magst, lässt seiner nicht spotten:

Was der Mensch sät, das wird er ernten (Bibel, Galater, Kapitel 6, Vers 7).

Wir müssen hier eines bedenken: Alles, was wir im Leben tun, sprechen, denken ... ist ein Samenkorn und reproduziert ganz nach seiner Art.

So wie Weizen Weizen hervorbringt und Unkraut Unkraut hervorbringt, bringt Liebe Liebe hervor, Hass bringt Hass hervor, Zeit produziert Zeit und Groll produziert Groll.

Ob uns das gefällt oder nicht, ist nicht entscheidend. Ob wir das verstehen (wollen) oder nicht, ist auch nicht entscheidend. Aber es ist so und funktioniert genau so.

Und noch etwas ist wichtig hier:

Der Acker hat keine Macht, egal wie groß er ist. Das Samenkorn, egal wie klein es auch sein mag, hat die Macht über den Ackerboden. Der Ackerboden kann nicht zum Sämann sagen: „Ich bin heute nicht gut aufgelegt, du hast zwar Weizen gesät, aber ich werde dir Hafer liefern!"

Der Ackerboden hat diese Macht nicht. Er bringt genau das hervor, was dem Samenkorn entspricht. Also hat das Samenkorn die Herrschaft über den Ackerboden. Wer hat die Herrschaft über das Samenkorn?

Der Sämann. Dieser nämlich (das bist du) entscheidet darüber, zu welchem Samenkorn er greift und welches Samenkorn er auf den Acker säen wird.

Diese Entscheidungen werden täglich, ja minütlich getroffen, von jedem einzelnen von uns. Wozu greifen wir? Zu Liebe oder zu Groll und Hass? Zu Lob oder zu Kritik?

Alles reproduziert nach seiner Art. Aber unter welcher Herrschaft steht der Sämann? Das ist die wirklich entscheidende Frage. Welches Geistes Kind ist der Sämann?

So funktioniert das Leben. So einfach. Wer darüber Erkenntnis gewonnen hat, der kann sein Leben steuern – mit dem Samenkorn.

Wo liegen unsere Ackerböden, auf die wir täglich Samenkörner streuen?

Es sind die Herzen anderer Menschen. Das Herz unseres Expartners, die Herzen unserer Kinder, die Herzen unseres neuen Lebenspartners und so weiter und so fort.

Was von deren Herzen zu uns zurückkommt, hängt ganz von den Samenkörnern ab, die wir auf diese Herzen (Ackerböden) streuen (gestreut haben).

Bewusst oder unbewusst.

Ich habe noch etwas anderes entdeckt in meinem Leben: Dem Ackerboden ist es ganz egal, ob mein Samenkorn von mir bewusst oder von mir unbewusst auf ihn fällt. Er multipliziert immer ganz nach der Art des Samenkorns zu mir zurück – und das nennt man dann Ernte.

Daher können wir uns nie damit entschuldigen: „Ich habe das ja gar nicht gewollt." Es war unser Samenkorn, auch wenn wir unbewusst Negatives gesät haben.

Manche Leute sagen:

„Ich verstehe nicht: Mein(e) Ex ist immer nur wütend und hegt einen mächtigen Groll gegen mich. Er bzw. sie explodiert immer gleich. Woran liegt das?"

Die Antwort ist ganz einfach: Am Gesetz von Saat und Ernte – bewusst oder unbewusst spielt dabei keine Rolle.

Man nennt das die Macht der Gewohnheit

Unsere Gewohnheiten sind Samenkörner, fallen uns aus der Hosentasche, ohne dass wir es merken. Und dem Ackerboden ist es vollkommen egal, ob ein Samenkorn bewusst gepflanzt wird oder ob es unbewusst aus der Hosentasche fällt. Es produziert nach seiner Art.

Ein Schiedsrichter und ein Liebesbrief

Gelegentlich kommt es vor, dass einer der beiden Expartner wirklich alles geben kann, doch der andere absolut abblockt und kein Herankommen an ihn oder sie ist. In diesem Falle empfehle ich, einen neutralen Schiedsrichter hinzuzuziehen.

Als Schiedsrichter fungiert hier ein Mensch, der völlig unvoreingenommen hilft zu vermitteln. Dies darf also weder ein Mensch aus seiner/ihrer Familie oder seinem/ihrem Freundeskreis sein noch aus deiner Familie oder deinem Freundeskreis.

Es kann ein völlig Fremder, ein Paartherapeut oder auch ein Coach sein. Seine Aufgabe besteht nicht darin, Inhalte zu vermitteln, sondern viel mehr, beiden Partnern während der Kommunikation immer wieder vorzuhalten, in welchem Ton, auf welche Art und mit welcher Absicht sie kommunizieren.

Bevor das Gespräch also wie so oft zuvor außer Kontrolle gerät und in einen Streit übergeht, zieht der Schiedsrichter die Notbremse und erinnert denjenigen von euch, der zu emotional geladen wird, daran, dass dies weder dir, dem/r Ex noch dem Kind dienlich ist. Er muss die Situation also direkt entschärfen, bevor der Groll und die Wut wieder aufkochen.

Tiefe Entspannungsatmung hilft hier sehr. Legt doch einfach als Regel fest, dass ihr beide während des Gesprächs in einem 1-4-2-Atemrhythmus atmen müsst. Das heißt, viermal so lange die Luft anhalten, wie ihr eingeatmet habt, und zweimal so lange ausatmen.

Atmet ihr also vier Sekunden lang ein, so müsst ihr den Atem 16 Sekunden lang halten und acht Sekunden lang ausatmen. Dies entspannt sehr und man kann dabei nicht streiten.

Probiere diese Atemtechnik doch gleich einmal aus. Fünf Sekunden einatmen, 20 Sekunden halten und zehn Sekunden ausatmen ... Das Ganze machst du fünfmal hintereinander und beobachte, wie du dich dabei fühlst. Aufgebracht oder eher entspannt?

Sollte es nicht möglich sein, den oder die Ex zu einem vernünftigen Gespräch an einen Tisch zu bekommen, so empfehle ich, einen Brief zu schreiben. Dabei rede ich aber nicht von einem Brief, wie du ihn vielleicht schon mehrfach geschrieben hast, auf den es entweder keine oder eine unzufriedenstellende Antwort gegeben hat.

Nehmen wir an, du bist eine Frau und der Vater deines Kindes will keinen oder nicht genug Unterhalt zahlen. Nun ist es an der Zeit, ihm einen Brief zu schreiben, um deine Situation und die eures Kindes darzulegen.

Viele Frauen würden in diesem Falle beginnen und etwas von Pflichten, Gesetzen, der Düsseldorfer Tabelle und Anwälten schreiben. Vielleicht wird sie ihm noch androhen, dass er sein Kind nicht sehen darf, wenn er nicht zahlt. Doch zu welchem Ergebnis würde dies führen? Richtig: Widerstand! Widerstand und noch mehr Streit.

Mit Drohungen, Sanktionen und Streit werdet ihr nie auf einen Nenner kommen. Der Standpunkt der meisten Männer ist ähnlich wie dieser: „Jetzt hat mir das Weib schon mein Kind (und vielleicht auch noch das Haus und viel Geld) weggenommen und nun will sie auch noch mehr Geld und das jeden Monat. Nie im Leben!"

Wie würdest du den Vater eures Kindes nun davon überzeugen, dass dieses Geld nicht für dich, sondern für das Kind ist? Schreibe ihm einen Brief, in dem du darlegst, wie der aktuelle Tagesablauf und die Kosten dafür aussehen. Das Ganze in einem lieben Ton, erkläre es ihm, als würdest du es einem Fünfjährigen erklären müssen. Dieser Brief kann so beginnen:

Hallo Marc,

heute war ein ganz normaler Tag in Marias und meinem Leben. Nun ja, soweit man von normal reden kann. Seit wir uns getrennt haben, ist alles so sehr anders und Maria muss sich erst an alles gewöhnen. Ich denke, sie vermisst ihren Papa sehr.

Heute sind wir um 5.45 Uhr aufgestanden und haben Frühstück gemacht. Seit wir kein Auto mehr haben, muss die Maus jetzt immer eine Dreiviertelstunde eher aufstehen, da der Weg zur Kita und danach zur Arbeit mit dem Bus wesentlich länger dauert. Sie hat ganz schön gefroren heute an der Bushaltestelle, aber sie kämpft und ist tapfer. Sie isst jetzt auch viel mehr und ist ganz schön gewachsen. Du solltest sie sehen, sicher wärst Du stolz auf sie.

Im letzten Monat habe ich allein 165 € für Marias Essen in der Kita und abends zu Hause ausgegeben. Hat mächtig Hunger die Kleine. Dann mussten wir auch neue Sachen kaufen gehen, denn die kleinen Arme und Beine sind um einiges länger geworden.

Sie wünscht sich aktuell so sehr den großen kuscheligen Teddy aus dem Karstadt, denn oft sitzt sie abends in ihrem Zimmer und vermisst ihren Papa. Sie meint, sie könnte dann mit dem Teddy kuscheln, der erinnert sie so an das warme Haar auf Deiner Brust ...

... ich breche jetzt hier ab. Ich denke, du hast einen Einblick bekommen, welche Art von Brief ich meine. Ein Brief dieser Art kommuniziert die gleichen Bedürfnisse, jedoch auf eine ganz andere Art. Es ist eine Art Liebesbrief. Ein Liebesbrief, der die Bedürfnisse und Kosten eines Kindes kommuniziert. Die meisten Männer haben nämlich keine Ahnung, welche Kosten ein Kind verursacht. Sie sehen immer nur das Geld, das die Ex von ihnen haben will. Dass dieses Geld fürs Kind ist, auch wenn die Mutter sich davon eine größere Wohnung leistet und ein Auto, das müssen sie erst erkennen.

Woher sollen die Männer dies auch wissen, wenn es ihnen niemand auf nette und liebe Weise kommuniziert?

Wenn du Probleme hast, einen solchen Brief zu schreiben und immer wieder in die Vorwurfsfalle tappst und keine lieben Worte findest, so setze dich an einen Tisch und stelle ein Bild von deinem Kind auf diesen Tisch. Schreibe den Brief an dein Kind. Schreibe den Brief als Liebesbrief an dein Kind. Schreibe und beschreibe alles so, dass ein Fünfjähriger, den du von ganzem Herzen liebst, dich versteht. Wenn du dies tust, wird der Leser im Herzen erreicht werden und ganz anders darauf reagieren als auf alles, was du bisher versucht hast.

Schreibe den Brief an dein Kind. Erkläre ihm die Situation und was so abläuft in eurem Leben. Beschreibe deine Gefühle, Bedenken und worauf du stolz bist!

Am Ende gibst du diesen Brief jedoch nicht deinem Kind, sondern klebst schnell die Anschrift des Vaters drauf und schickst ihn ab. Während du diesen Brief schreibst, ist völlig nebensächlich, an wen er am Ende geht. Konzentriere dich beim Schreiben auf die Liebe zu deinem Kind und lass diese zwischen den Zeilen sprießen.

Du wirst staunen, was solch ein Brief bei deinem Ex bewirkt! Und wenn nicht der erste, dann der zweite und dritte garantiert. Solche Liebesbriefe brechen das dickste Eis! Kein Vater kommt umhin, den Unterhalt für sein Kind zu zahlen, wenn es ihm auf diesem Wege kommuniziert wird!

Und übrigens an alle Männer, die diese Zeilen hier lesen:

Die gleiche Methode funktioniert auch, wenn ihr eure Ex davon überzeugen wollt, dass sie euch eure Kinder sehen lassen soll. Einem Brief voller Liebe kann sie nichts entgegensetzen. Wenn du jedoch wütend schreibst, dich auf Besuchsrecht, Umgangsrecht, Gesetze und so weiter berufst, wirst du wenig erreichen.

Ein Liebesbrief von Herzen, der deine ehrlichen Gefühle und den Wunsch, deinem Kind deine Liebe zu schenken, kommuniziert, bricht alles Eis! Geh auf sie ein, wie zuvor in den 24 goldenen Regeln beschrieben, und du wirst bekommen, was du willst!

Was will/braucht dein(e) Ex?

Wie schon häufig in diesem Programm angesprochen, ist der Schlüssel zu einer erfolgreichen Kommunikation mit deinem/r Ex, dein Ego an der Garderobe abzugeben und zum Wohle deines Kindes zu denken!

Wenn dein Hauptfokus ist, alles, was du tust, zum Wohle deines Kindes zu tun, statt für dich selbst, so wird es kein Traum bleiben, dass deine Kinder glücklich und behütet aufwachsen, auch wenn Mutter und Vater nicht mehr zusammenleben.

Ein wichtiger Grundsatz ist, dass wenn du deiner/m Ex das gibst, was sie/er braucht, so wirst auch du bekommen, was du brauchst. Die Natur besteht aus Geben und Nehmen. Niemand kann nur nehmen, wir alle haben auch das Bedürfnis zu geben.

Doch was ist es, was wir Menschen alle brauchen? Nun, wir alle haben verschiedene Bedürfnisse, Wünsche und Träume. Doch letztendlich können wir dies alles in sechs Kategorien zusammenfassen. Sechs Grundgefühle, die jeder Mensch im Leben erfüllt haben muss. Dafür tun wir alles und jeder tut es jeden Tag. Wenn wir dies wissen, so wissen wir auch, dass wenn wir unserem/r Ex diese Bedürfnisse erfüllen, diese/r glücklich leben wird.

Auch wenn es uns relativ egal ist, wie es unserem Ex geht, so sollten wir diese Einstellung schnellstens ändern, denn unserem Kind geht es immer nur so gut wie uns und unserem Ex. Wenn wir also wollen, dass unser Kind glücklich und ausgeglichen ist, so können wir dies nicht erreichen, wenn seine Mutter und sein Vater dies nicht sind. Es ist daher unsere Pflicht, sowohl unser eigenes Leben, als auch die Beziehung zu unserem/r Ex in ein gesundes Gleichgewicht und eine glückliche Einstellung zu bringen.

Lass uns ein wenig tiefer in diese sechs Grundgefühle und Bedürfnisse hineinleuchten, damit uns klarer wird, was damit gemeint ist.

Fangen wir mit den einfachsten Bedürfnissen an.
Jeder von uns hat das Bedürfnis nach einer Art von

SICHERHEIT

Wir wollen wissen, was kommt, uns sicher fühlen, vorbereitet sein, keine Angst haben müssen. Sei dies finanzielle Sicherheit, Sicherheit im Straßenverkehr, Sicherheit in Beziehungen, Sicherheit im Geschäftsleben, einfach das Gefühl, dass alles so läuft, wie es unserer Meinung nach soll.

Das Bedürfnis nach Sicherheit können wir auf Tausenden verschiedener Wege erfüllen. Wir können uns das sicherste Auto mit 20 Airbags kaufen, wir können alles genau planen, Versicherungen abschließen, uns in Watte packen, uns verbeamten lassen, zum zwölften Mal den gleichen Film ansehen, denn dann wissen wir ja, dass er uns gefällt, und so weiter und so fort. Es gibt ganze Industrien, wie zum Beispiel die Versicherungsindustrie, die auf der Befriedigung des Bedürfnisses nach vermeintlicher Sicherheit aufbauen.

Das Paradoxe dazu ist das zweite Bedürfnis. Wenn plötzlich alles sicher ist, alles nach Plan läuft, so wird uns das Leben schnell langweilig, öde, es fehlt uns der Kick.

Daher haben wir auch das Bedürfnis nach einer gewissen, angenehmen

UNSICHERHEIT

Das Bedürfnis nach aufregenden Dingen, nach Abwechslung, nach Fun, Abenteuer, Spaß und unvorhergesehenen Dingen.

Diese gewisse Unsicherheit, den Reiz, das Aufregende suchen wir tagtäglich. Wir spielen Lotto, freuen uns über Überraschungen, gehen Skydiven, schauen uns neue Filme an, treffen neue Leute, fahren in Urlaubsländer, in denen wir noch nie waren, fangen neue Hobbys an, tun neue Dinge. Auch auf diesem Bedürfnis bauen ganze Industrien auf, wie zum Beispiel Dating-Portale, die Filmindustrie – warum sonst sollten immer wieder neue Filme gedreht werden, es gibt mehr Filme auf dieser Welt, als ein Mensch in seinem Leben sehen kann – Alkohol, Drogen und so weiter.

Ebenso haben wir alle, also auch du und auch dein(e) Ex das Bedürfnis nach

ANERKENNUNG

Wir alle wollen von anderen anerkannt werden, etwas Besonderes sein, besser sein als andere, einzigartig sein, uns von anderen abheben und wichtig sein.

Die Anerkennung ist für viele die Triebfeder im Leben. Sie tun alles, um anderen zu gefallen, vertragen es nicht, wenn andere sie nicht toll finden. Jede Art von Sport zum Beispiel geht um Konkurrenz, darum, besser zu sein als andere, eben Anerkennung zu ernten.

Ebenso haben wir alle das Bedürfnis nach Liebe, Nähe und

ZUGEHÖRIGKEIT & LIEBE

Das Gefühl, ein Teil von etwas zu sein. Dazuzugehören, dabei zu sein, ein Teil einer Einheit zu sein.

Wir alle wollen geliebt werden auf die ein oder andere Weise. Ein Teil von etwas sein, zu etwas dazugehören. Darum organisieren sich Menschen in Gruppen wie Vereinen, Familien, Freundeskreisen, Betriebsräten, Mitgliedschaften und so weiter. Wir wollen ein Teil von etwas sein. Allein macht alles nur halb so viel Spaß als gemeinsam mit anderen. Geh doch mal in ein Sportstadion und schau dir das Spiel deiner Lieblingsmannschaft an. Dies macht keinen Spaß, wenn du der einzige Zuschauer im Stadion bist. Sind jedoch noch weitere 30.000 Fans dort, wird es zur Party deines Lebens.

Alles macht gemeinsam mit anderen Menschen mehr Spaß, wenn wir es teilen können. Was wäre, wenn du dein größtes Ziel erreichen würdest, alles liefe 100%ig nach Plan, doch du müsstest es allein erleben und könntest es mit niemandem teilen oder niemandem davon erzählen. Das wäre recht öde.

Auch diese beiden Bedürfnisse, Bedeutung und Zugehörigkeit, stehen im eigentlichen Konflikt zueinander. Je einzigartiger und bedeutender wir sind, desto schwieriger wird es, ein Teil einer Gruppe zu sein. Und je mehr wir Teil einer Gruppe sind, desto schwieriger wird es, einzigartig und herausragend zu sein. Einige werden sich jetzt denken „Kein Wunder, dass es immer wieder zu Konflikten zwischen und in

Menschen kommt" und dieser Gedanke ist gar nicht so abwegig.

Wir alle können diese Bedürfnisse auf verschiedene Arten erfüllen. Auf konstruktive Weise, das heißt, es ist gut für uns und für andere. Auf neutrale Weise, das heißt, es ist weder gut noch schlecht für uns und für andere. Oder auf destruktive Weise, das heißt, es ist schlecht für uns und für andere.

Ich kann zum Beispiel Bedeutung erringen, indem ich Großartiges erreiche, dann ist dies gut für mich und für andere, denn ich kann sie damit inspirieren, ebenso Großes zu erreichen.

Oder ich kann Bedeutung erringen, indem ich dir eine Pistole an den Kopf halte und dir drohe. Dies ist dann zweifelsohne schlecht für uns beide, aber ich habe garantiert deine Hauptaufmerksamkeit und bin verdammt wichtig in deinem Leben.

So können wir auch Bedeutung erringen, indem wir unserem/r Expartner(in) Vorwürfe machen, was er für Fehler macht – in diesem Moment stellen wir uns ja definitiv als etwas Besseres als er/sie dar und heben uns von ihm/ihr ab, indem wir uns anmaßen zu richten. Oder wir gewinnen an Bedeutung, weil wir unser Kind auch nach der Trennung mit allem versorgen, was nötig ist, und immer für es da sind.

Das gleiche Bedürfnis und völlig verschiedene Wege, es zu befriedigen.

Die ersten vier Bedürfnisse sind die Bedürfnisse des Egos und JEDER Mensch auf diesem Planeten erfüllt sich diese auf die eine oder andere Weise. Dies führt uns zu den letzten zwei Bedürfnissen, die Bedürfnisse der Seele.

Wir alle haben das Bedürfnis zu

WACHSEN

Mehr zu werden, uns zu entwickeln, voranzukommen, heute besser zu sein als gestern, etwas zu lernen, mehr zu haben, mehr zu sein und mehr zu wissen.

Eine Trennung oder Scheidung ist definitiv auch eine gute Gelegenheit, um zu wachsen und uns weiterzuentwickeln. Neues zu lernen und alte Muster zu brechen.

Wer über seinen Schatten oder seine Limitierungen hinauswächst und sein Ego besiegt, zum Wohle seines Kindes und wieder ein gutes Verhältnis zum vermeintlich verhassten Expartner aufbaut, der wächst mit Sicherheit, weiß und kann dann mehr als vorher.

Ebenso haben wir alle das Bedürfnis einen

BEITRAG ZU LEISTEN

Etwas für andere zu tun, etwas zu hinterlassen, für jemanden da zu sein, sich für etwas Größeres einzusetzen als uns selbst. Dabei müssen wir keine Mutter Theresa sein. Kinder zu haben, für die wir alles tun würden, st auch eine Form, einen Betrag zu leisten. Einem traurigen Menschen ein Lächeln schenken oder Trost zu spenden, sind alles Wege, um eine, Beitrag zu leisten.

Wenn wir also wissen, dass unser(e) Ex – genau wie jeder andere Mensch auf diesem Planeten – diese sechs Bedürfnisse hat, wie können wir ihm/ihr diese erfüllen? Nun, Vorwürfe, Anschuldigungen und Forderungen erfüllen definitiv das Bedürfnis nach Bedeutung. Jedoch n cht für unsere(n) Expartner(in), sondern für uns selbst.

Wenn wir ihr/ihm jedoch danken, dass er/sie so gut für die Kinder sorgt, sich kümmert und alles möglich macht, so geben wir ihm/ihr jede Menge Bedeutung, Sicherheit, etwas richtig zu machen, Zugehörigkeit und auch das Gefühl, einen Beitrag zu leisten. Vier erfüllte Bedürfnisse, mit einem einfachen Satz. Wenn Frauen an den Bedeutungsdrang des Vaters des Kindes appellieren „Super, dass du für dein Kind auch nach der Trennung finanziell sorgst", so hat dieser sofort das Gefühl, ein Held zu sein, und wird kein Problem mehr damit haben, Unterhalt zu zahlen. Er wird es auf jeden Fall aus einem ganz anderen Blickwinkel betrachten. So können wir jedes einzelne Bedürfnis unseres Partners ansprechen und erfüllen. Wenn man damit ein wenig übt und herumspielt, kann man fantastische Dinge in anderen Menschen bewegen.

Wenn wir unsere(n) Expartner(in) zu etwas bewegen wollen, was er tun soll, so ist der einfachste Weg, dies mit der Erfüllung seiner Bedürfnisse zu verknüpfen.

Welche Mutter wird ihrem Kind den Kontakt zum Vater verwehren, wenn sie damit verknüpft, ihrem Kind etwas Gutes zu tun und für das Wachstum des Kindes sowie seine Sicherheit zu sorgen?

Welcher Vater wird keinen Unterhalt zahlen, wenn er weiß, dass dieser zum Wohle und zum Schutze seines Kindes genutzt wird, statt für neue Schuhe und Kleider für die Mutter, wie er es bisher vermutet hat?

Es ist also gar nicht so schwer, den oder die Expartner(in) davon zu überzeugen, in unserem Sinne zu handeln.

Der Verlust der Väter – ein Kapitel für alleinerziehende Mütter

... und ein Grundkurs in der Entwicklungsgeschichte des 20. Jahrhunderts

Das folgende Kapitel soll einen kurzen Überblick über die dynamischen sozialen Veränderungen in der letzten Hälfte des 20. Jahrhunderts geben, die zu vielen Trennungen und Erziehungsfehlern geführt haben.

Der Wandel zu einer Produktionsgesellschaft und die Bewegung der Lebenszentren in große Städte in den Nachkriegsjahren entfernten die Väter in Scharen von ihren Söhnen.

Um 1910 lebten ein Drittel aller Familien auf ländlichen Bauernhöfen. Bis 1976 sank diese Zahl auf lediglich 4 % ab. Das heißt, 96 % aller Menschen lebten in oder um größere Städte.

In einer landwirtschaftlich orientierten Gesellschaft schufen Väter und Söhne eine enge Verbindung durch die gemeinsame Arbeit auf dem Feld. Dies beinhaltete ebenso den engeren Kontakt zu anderen männlichen Verwandten wie Onkel, Großvater und so weiter. Dieser tägliche Kontakt mit Männern ermöglichte den Söhnen, ihren maskulinen Vorbildern nachzueifern. Söhne lernten, was es bedeutet, männlich zu sein, von ihren Vätern und den weiteren Männern in ihrem direkten täglichen Umfeld.

Nach dem Zweiten Weltkrieg, als die Menschen aus dem ländlichen Raum in die Städte zogen, ließ der Kontakt zwischen Söhnen und Vätern massiv nach.

Die Väter verlassen das Haus am Morgen und gehen zur Arbeit. Die meisten Söhne sehen nie persönlich, was ihre Väter am Tage tun und haben wenig verbleibende Zeit mit ihren Vätern, wenn diese müde von der Arbeit nach Hause kommen.

Auch wurden die Männer auf andere Arten für ihre Söhne oft sehr unverfügbar. Männliche Abhängigkeiten von Arbeit, TV, Alkohol und anderen Zivilisationskrankheiten entfernten die Väter noch weiter von ihren Söhnen. Auch die steigenden

Scheidungsraten entfernten Väter und Söhne noch weiter voneinander. Die Statistiken zeigen, dass sich die Scheidungsraten von 1940 bis 1970 verdreifacht haben, bis zum heutigen Tage später sogar nochmals verzwanzigfacht.

Heute berichten die meisten Männer davon, in ihrer Jugend kein enges Verhältnis zu ihren Vätern gehabt zu haben. Manchmal war dies das Resultat davon, dass die Väter lange und viel gearbeitet haben, um für das Wohl der Familie zu sorgen, oder dass diese sich einfach nur passiv gegenüber ihren Kindern verhalten haben.

Die Unverfügbarkeit der Väter brachte oft die Frauen dazu, die Vaterrolle mit zu übernehmen. Frauen wurden der Haupteinflussfaktor in der Zeit der Transaktion vom Jungen zum Mann während der Pubertät. Unglücklicherweise sind selbst die Frauen mit den besten Absichten nicht in der Lage, ihren Söhnen beizubringen, was es bedeutet, ein Mann zu sein. Doch dies hält sie leider nicht davon ab, es zu versuchen ...

Es gibt Aspekte der Männlichkeit, die Frauen ihren Söhnen einfach nicht beibringen können. Wir können nicht geben, was wir nicht haben. Wenn aus Jungen Männer werden, dann ist dies eine wichtige Phase, die die Jungen für ein ganzes Leben lang prägt. Jeder Elternteil spielt für die gesunde Entwicklung eines Jungen zum Mann eine wichtige Rolle.

In erster Linie müssen die Mütter wissen, wie sie genug geben, um die Bedürfnisse des Kindes zu stillen, ohne eine Abhängigkeit zu erschaffen. Sie müssen auch wissen, wie sie ihre eigenen Bedürfnisse befriedigen können, um nicht dazu verleitet zu werden, ihren Sohn dazu zu benutzen, die eigene innere Leere zu füllen.

Zweitens **muss der Vater präsent sein** und eine gesunde Verbindung zum Sohn haben. Diese Verbindung hilft dem kleinen Jungen, sich aus dem kuscheligen Schoß seiner Mutter zu lösen und in die herausfordernde Welt der Männlichkeit einzutreten. Schafft der Junge dies nicht, so wird er dies sein ganzes Leben mit sich herumtragen und in seinen eigenen Beziehungen nicht eine ebenbürtige Partnerin suchen, sondern einen Muttersatz.

Wächst ein Junge ohne den Einfluss eines männlichen Vorbilds auf, so wird seine Definition von Männlichkeit davon geprägt werden, der Illusion nachzuhängen, dass Männlichkeit ist zu tun, was Frauen von ihnen erwarten.

Hier werden der typische „Beste-Kumpel-Typ" und „Frauenversteher" geschaffen. Frauen sind zwar gern von solchen Männern umgeben, doch wollen sie selten einen solchen Mann, auch beschrieben als „Pussyboy", als Mann haben.

Erwachsene Frauen, die einen Partner wählen, beschreiben fast einheitlich, dass sie keinen passiven, schwachen Waschlappen haben wollen, sondern einen richtigen Mann.

Damit Jungen lernen, was es bedeutet, ein richtiger Mann zu sein, brauchen sie ganz dringend die Prägung des Vaters, um die Entwicklung zum Mann antreten zu können.

Dies ist besonders wichtig für Söhne, die mit alleinerziehenden Müttern aufwachsen. Auch unser Bildungs- und Schulsystem ist fast ausschließlich in weiblicher Hand. In Kindergärten und Schulen ist der Anteil männlicher Lehrer und Erzieher selten höher als 10 %. Hier fehlen also auch definitiv die männlichen Einflüsse auf die Jungen.

Umso wichtiger ist es, dass sich Mutter und Vater auch nach einer Trennung gut verstehen und beide Einfluss auf die Erziehung und Entwicklung der Kinder haben. Es ist essenziell wichtig, dass vor allem Jungen Zugang zu ihren Vätern und anderen männlichen Vorbildern im engen Umfeld haben!

Das Ziel ist, dass die Jungen ein akkurates Bild davon bekommen, was es bedeutet, ein Mann zu sein. Dies kann einzig und allein durch andere Männer, im Bestfall durch den Vater, vermittelt werden. Dies unterstützt die Aussage, dass speziell für Jungen ein schlechter Vater besser ist als gar keiner!

Oft tendieren Frauen dazu, ihre Kinder vor dem vermeintlich schädlichen Einfluss durch die Väter schützen zu wollen, doch damit schaden sie ihren Kindern langfristig wesentlich mehr, als die Väter es je könnten. Natürlich will ich der Vollständigkeit halber erwähnen, dass sich dies nicht auf physischen Missbrauch von Kindern erstreckt. Natürlich ist es in solch einem Falle wichtiger, das Kind vor seinem Vater zu schützen, wenn es zu Schlägen oder Missbrauch kommt. Wichtig ist dann jedoch, dass die Jungen den wichtigen Zugang zu anderen männlichen Vorbildern bekommen. Dies ist entscheidend für die gesunde Entwicklung des Kindes.

Doch dies bezieht sich nicht nur auf Jungen. Auch auf Mädchen haben die Väter einen wichtigen prägenden Einfluss in ihrer Entwicklung. Ein Vater zeigt seiner Tochter, was einen Mann ausmacht. Mädchen profitieren davon, ihren Vater Grenzen setzen zu sehen und zu erleben, dass dieser klar sagt, was er will, auf unmissverständliche Art und Weise.

Mädchen brauchen es, um ein gesundes Weltbild zu formen, dass sie sehen, wie ihre Väter hart arbeiten, etwas erschaffen, etwas produzieren, männliche Freunde haben und ihre eigenen Bedürfnisse zur Priorität machen. Ebenso wie Jungen lernen Mädchen, was es bedeutet, ein Mann zu sein, dadurch, dass sie ihre Väter beobachten und mit ihnen interagieren. Dieses Modellieren wird definitiv einen starken Einfluss darauf haben, was für einen Partner die Mädchen später wählen.

Die Kinder von ihren Vätern zu trennen und sie nur mit einer Hälfte der männlichen oder weiblichen Energie aufwachsen zu lassen, wird die Kinder später im Leben vor massive Herausforderungen stellen. Dies jedoch muss nicht sein, wenn die Kinder regelmäßigen und intensiven Zugang zu beiden Elternteilen haben, auch nach einer Trennung der Eltern.

Wer sind deine Berater?

Ein weiterer kritischer Faktor für deine und damit auch für die Entwicklung deines Kindes ist DEIN Umfeld. Mit wem umgibst du dich? Wer hat Einfluss auf dich? Welche Meinung haben diese Menschen über das Leben, deinen Ex, über Männer und Frauen im Allgemeinen, über die Liebe?

Alleinerziehende Mütter tendieren dazu, sich in Gruppen von alleinerziehenden Müttern zu organisieren. Geschiedene Väter hängen oft mit anderen geschiedenen Vätern zusammen und gründen sogar Selbsthilfegruppen oder Ähnliches.

Wie wird wohl in einer Gruppe alleinerziehender Mütter über die Väter gesprochen? Wie reden ein paar Leidensgenossen von geschiedenen Vätern über die Mütter? Sicherlich besonders gut und die Väter bzw. Mütter werden vom gegenteiligen Geschlecht als im Herzen gute Menschen dargestellt, die lediglich die ein oder andere falsche Entscheidung getroffen haben, stimmt's?

Wohl kaum. Oft tendieren solche Gruppen dazu, ganz schnell zu reinen Hass-Orgien zu werden. „Männer alles Schweine!", „Vertraue keiner Frau, die nehmen dich nur aus", „Die Männer drücken sich alle vor der Verantwortung der Kindeserziehung", „Die Weiber hängen dir ein Kind an und verstoßen dich dann und du Depp darfst für den Rest deines Lebens zahlen" und und und ... Gleich und Gleich gesellt sich gern und reibt sich gemeinsam gegen die vermeintlichen Verursacher ihrer Probleme auf. Hier haben wir wieder die Bedürfnisse nach Zugehörigkeit und Bedeutsamkeit auf recht destruktive Weise erfüllt.

Mit wem umgibst du dich? Wie denkt dein Umfeld und deine Familie über deine(n) Ex? Ist diese Meinung dir und deinem Kind dienlich? Unterstützt diese Meinung die Entwicklung deines Kindes zu einem ganzheitlichen Lebewesen oder stört es diese? Wie denken die Großeltern, Onkel und Tanten über deine(n) Expartner(in)? Hat dein Kind Zugang zur Verwandtschaft von beiden Seiten? Wie beeinflussen diese dein Kind?

Auch von diesem Umfeld, sei es Freunde oder Familie, wird dein Kind die Schwingungen aufnehmen. Die Meinung deiner

Familie über den Vater bzw. die Mutter des Kindes wird es in seiner Entwicklung entweder unterstützen oder behindern

Sollte dein Umfeld nicht selbst zur Erkenntnis kommen, dass es erst sich selbst ändern muss, bevor sich dein(e) Expartner(in) ändern wird, so gib dieses Programm bitte weiter und sorge dafür, dass sie es durcharbeiten und erkennen, was der Schlüssel ist, damit dein Kind sich richtig entwickeln kann und wie ihr es unterstützen könnt.

Oft sind es gerade die besten Freundinnen und Freunde, die die größten Hassprediger gegen deine(n) Ex sind. Natürlich fühlst du dich bei Menschen, denen du vertraust und die auch noch deiner Meinung sind und zu dir halten, am wohlsten, doch bitte messe dieses Umfeld nicht daran, ob du dich momentan gut fühlst, weil deine Wunden verstanden und geleckt werden.

Messe dein Umfeld immer daran, ob es der Entwicklung und emotionalen Befreiung deines Kindes dient oder schadet.

Sprich offen darüber, was dein Kind wirklich braucht und was dieses Programm dich darüber gelehrt hat. Bitte um Unterstützung und Hilfe bei der Umsetzung. Solltest du diese verwehrt bekommen, weil gewisse Personen nicht weit genug entwickelt sind, um zu verstehen, dass es hier nicht um sie geht, sondern um die Entwicklung deines Kindes, und sie lieber ihr eigenes Ego nähren und pflegen, statt im Sinne deines Kindes zu handeln, so überdenke dein Umfeld.

Löse dich von allen Menschen, die dir und deinem Kind nicht gut tun. Auch wenn der Verlust im Moment zu schmerzen scheint, welche Schmerzen müssen du und dein Kind langfristig ertragen, wenn ihr aufgrund dieses Umfelds nicht glücklich, ausgeglichen und entspannt leben könnt?

Prüfe also ganz genau, mit wem du dich umgibst und wer deine Berater sind. Menschen, die Groll in sich haben, sind ganz sicher nicht die richtigen!

Dein Umfeld prägt dich mehr als alles andere
und damit auch dein Kind!
Denke daran, auch dein Umfeld
im Sinne deines Kindes zu wählen!

Was will/braucht dein Kind?

In erster Linie braucht jedes Kind Wärme, Liebe und Geborgenheit. Davon kann es nie genug bekommen. Dein Kind braucht Sicherheit, das Gefühl, dass alles okay ist und es behütet aufwachsen kann. Dass es unbeschwert Kind sein kann, dass es seine kindliche Freiheit genießen kann, dass immer jemand da ist, der für es sorgt, alles für es geben wird und noch etwas mehr.

Und ganz besonders braucht dein Kind den zweiten Elternteil! Die Seele deines Kindes braucht beide Eltern, um entsprechend seiner DNA zu reifen. Die DNA besteht aus beiden Elternteilen, 50 % vom Vater, 50 % von der Mutter. Euer Kind ist ein Mix aus euch beiden. Es ist halb du, halb seine Mutter/sein Vater.

In ihm leben deine Zellen weiter und auch die deiner/s Expartnerin/s. Das Kind ist das Beste von euch beiden kombiniert.

Dein Kind ist weder wie du, noch wie sein Vater/seine Mutter. Es ist ein einzigartiger Mix aus euch beiden. Eine nie dagewesene Kombination von DNA und Persönlichkeit. Geformt von euch beiden und einer im Universum einmaligen Kombination von Energie, DNA und Persönlichkeit.

Daher braucht auch die Seele Einfluss und Nahrung von beiden Seiten, Vater und Mutter, um sich zu einem Ganzen zu entwickeln.

Egal, was du anstellst, du wirst NIE den anderen Elternteil ersetzen können. Frauen können den Vater einfach nicht ersetzen, ebenso wenig wie ein Vater die Mutterrolle übernehmen kann. Du kannst nicht geben, was du nicht hast!

Das Kind braucht den Zugang zu beiden – sonst wird es sein ganzes Leben als unvollständige Seele umherwandeln und auf der Suche sein, anstatt ein glückliches Leben in Balance leben zu können.

Das Erstaunliche ist auch, dass wir Eltern nie ganzheitlich und in Balance mit uns selbst leben können, wenn wir unser Kind verleugnen.

Es gibt viele Väter, die keinen Kontakt zu ihren Kindern wünschen oder wollen. Diese Männer werden nie glücklich und ausgeglichen werden, sie werden immer eine gewisse Unzufriedenheit und Unvollständigkeit verspüren. Diese wird sie ihr ganzes Leben verfolgen und sie werden nie den Erfolg im Leben haben, der möglich wäre, wenn sie im Reinen mit ihren Kindern wären.

Diese Unvollständigkeit nagt ein Leben lang ebenso an den Vätern wie an den Kindern. Wenn du also denkst, den Vater interessiert sein Kind nicht und es sei ihm völlig gleichgültig, dann hast du weit gefehlt. Auch wenn er es nicht zugeben wird und vielleicht auch gar nicht weiß, woher dieses unvollkommene Gefühl, das er mit Arbeit, Ablenkung oder sogar Alkohol und Drogen zu übertünchen versucht, kommt – er wird es ein Leben lang spüren.

Ebenso wie ein Kind, das nur mit einem Elternteil aufwächst und keinen Zugang zum zweiten Elternteil hat, sein Leben lang unvollständig und auf der Suche sein wird, so geht es dem Vater oder der Mutter, wenn sie ihr Kind verleugnen.

Dies gilt natürlich genauso für Kinder, die beim Vater aufwachsen und keinen oder wenig Zugang zur Mutter haben. Hier leiden die Seelen der Mütter und Kinder ebenso.

Es geht kein Weg vorbei an einer guten Beziehung zu beiden Elternteilen, wenn du einen ausgeglichenen, strahlenden Lebensweg für dein Kind willst.

Du musst also alles daransetzen, dass das Verhältnis zwischen dir und der Mutter/dem Vater deines Kindes und das Verhältnis zwischen dir und deinem Kind ebenso wie das Verhältnis zwischen dem anderen Elternteil und dem Kind das bestmögliche ist. Dafür musst du dich mit aller Kraft einsetzen. Dies bist du deinem Kind und auch dir selbst schuldig!

Eine strahlende Zukunft für dein Kind

Ob dein Kind nun bei dir oder deinem/r Expartner(in) lebt, es ist möglich, dass dein Kind sich zu einer glücklichen und ganzheitlich ausbalancierten Seele entwickelt.

Der Ort, an dem dein Kind lebt, hat weniger Einfluss auf seine Entwicklung als dein Verhältnis zum Kind und das Verhältnis des Kindes zum anderen Elternteil.

Auch wenn dein Kind räumlich nicht mehr in einer Familie aufwächst, liegt es in deiner Hand, deinem Kind das Beste von Mutter und Vater zu geben!

Die vorangegangenen Kapitel haben dir gezeigt, wie du ein positives Verhältnis zu deinem/r Expartner(in) aufbauen kannst, damit du den Grundstein für die Entwicklung deines Kindes legen kannst.

Von ebensolcher Wichtigkeit wie dein Verhältnis zum Vater bzw. der Mutter deines Kindes, ist dein direktes Verhältnis zu deinem Kind.

Oft höre ich, dass Eltern alles daransetzen, dass ihr Kind sie liebt. Dieses Bedürfnis kommt in der Regel aus mangelnder Selbstliebe der Eltern. Eine gefährliche Situation. Jeder Elternteil muss mit sich selbst im Reinen sein und sich selbst lieben.

Jeder Versuch, mangelnde Selbstliebe durch eingeforderte Liebe vom Kind zu ersetzen, endet in einer emotionalen Katastrophe für das Kind. Ja, man kann hier sogar von „emotionaler Vergewaltigung" des Kindes sprechen.

Versuche niemals, von deinem Kind geliebt zu werden. Dies wirst du niemals schaffen. Wir können alle maximal in dem Maße von anderen und auch von unseren Kindern geliebt werden, wie wir uns selbst lieben.

Wer nicht in der Lage ist, sich selbst zu lieben, kann sich auch nie von seinem Kind geliebt fühlen! Oberflächlich vielleicht, tiefgründig keinesfalls!

Das Gute ist:

**Wir haben das Glück,
dass jedes Kind seine Eltern
von tiefstem Herzen liebt,
egal was passiert oder vorgefallen ist.**

Daher brauchen wir uns keine Sorge machen, ob uns unsere Kinder lieben. Dies haben sie immer getan und werden sie immer tun!

Die Frage ist jedoch: Fühlt sich unser Kind von uns geliebt? Schaffen wir es, unserem Kind unsere Liebe auf eine Weise zu kommunizieren, die beim Kind auch ankommt?

Wichtig ist hier der zweite Teil des Satzes: Auf eine Weise, die beim Kind auch ankommt!

Die meisten Menschen haben keine Ahnung, was sie tun müssen, damit der andere sich geliebt fühlt. Sie tun immer das Gleiche, nämlich genau das, was sie selbst wollen und wundern sich dann, wenn der andere sich beschwert oder nachfragt, ob man ihn liebt.

Dies gilt für Liebesbeziehungen ebenso wie für Beziehungen zu Kindern.

Ich denke, einen großen Anteil an eurer Trennung hatte die Tatsache, dass sich zumindest einer von beiden Partnern nicht geliebt gefühlt hat. Meist hat der andere keine Ahnung, warum dies so ist, und ist der Meinung, immer alles gegeben zu haben.

Das mag richtig sein. Er hat alles gegeben – abgesehen von dem, was der andere brauchte …

Doch was braucht der andere wirklich?

Der amerikanische Paar- und Beziehungsberater Gary Chapman schrieb mehrere Bücher über die Liebessprachen der Menschen. Seit Anfang der 1990er-Jahre wurden diese Bücher ins Deutsche übersetzt. Mit dem Psychiater Ross Campbell erweiterte er die Interpretation der Liebessprachen in verschiedene Lebensentwicklungsbereiche. Neben dem Basiswerk „Die fünf Sprachen der Liebe" (The five love languages) erschienen weitere Bücher und Hörbücher zur persönlichen Liebessprache.

Chapman vergleicht die persönliche Liebessprache auch mit einer Fremdsprache. Wenn zwei Menschen mit unterschiedlicher Muttersprache aufeinandertreffen, wird eine Kommunikation miteinander schwierig bis unmöglich werden.

Wenn einer der beiden Partner die andere Sprache erlernt, dann wird Kommunikation möglich sein, jedoch eben nur in einer Sprache. In schwierigen Situationen kann dann die Fremdsprache nicht die eigene Sprache ersetzen.

Das bedeutet, dass im Sinne einer optimalen Kommunikation beide Partner auch die Muttersprache des anderen erlernen. Die Verständlichkeit wird gefördert. Nach seiner Theorie werden beide sich dadurch nahezu immer gut verstanden fühlen.

Die fünf Sprachen gliedern sich in:

LOB UND ANEREKNNUNG

Menschen mit dieser Beziehungssprache loben die Menschen in ihrem Umfeld für alle möglichen und unmöglichen Dinge. Sie sehen oft tolle Leistungen bei anderen und haben auch die Gabe, dies auszusprechen. Mit lobenden und anerkennenden Worten zeigen sie den Menschen, die sie schätzen, ihren Respekt, ihre Liebe und letztlich auch ihre Anerkennung. Sehr oft fällt es diesen Menschen auch nicht auf, dass sie loben. Für sie ist es absolut selbstverständlich, dass Erfolge oder Leistungen mit Lob belohnt werden. Auch ein „Ich liebe dich" fällt unter diese Kategorie. Für Menschen mit der Hauptliebessprache Lob und Anerkennung, bedeutet ein gesprochenes „Ich liebe dich" oft mehr als alle Diamantringe dieser Welt.

ZWEISAMKEIT – DIE ZEIT NUR FÜR DICH

Menschen dieser Sprache fühlen sich geliebt und respektiert bei absoluter Zweisamkeit (gemeinsames Abendessen, ganzes Wochenende ohne Störung etc.). Es geht ihnen um die Zeit, die man bewusst gemeinsam verbringt. Darin liegt für sie eine hohe Qualität. Diese uneingeschränkte Aufmerksamkeit ist eine Beziehungsqualität, die sie in hohem Maße schätzen.

GESCHENKE, DIE VON HERZEN KOMMEN

„Kleine Geschenke erhalten die Freundschaft" ist das Motto dieser Menschen. Sie zeigen durch kleine Geschenke oder Aufmerksamkeiten den Menschen, die sie lieben, ihre Wertschätzung. Dabei spielt der materielle Wert keine Rolle. Gerade bei heranwachsenden Kindern, die erst ihre Liebessprache finden müssen, kann die Phase oft beobachtet werden. Der Geschenk-Typ schätzt es, wenn ein passendes Geschenk liebevoll ausgesucht wird. Für ihn ist es ein Zeichen der Wertschätzung, wenn sich jemand schon bei der Auswahl des Geschenks Zeit für eine gelungene Überraschung nimmt.

HILFSBEREITSCHAFT

Der Grundsatz „Wenn du etwas benötigst, sage es einfach, ich helfe gerne" zählt zu den Aussagen der Menschen mit dieser Liebessprache. Sie helfen aus Leidenschaft gerne und zeigen ihrem Umfeld, ihren Lieben auf diese Art, dass sie sie lieben. Auch ihnen geht es nicht um die Größe einer Hilfeleistung. In der Partnerschaft können das scheinbar unwichtige Dienstleistungen sein.

ZÄRTLICHKEIT

Umarmungen und Streicheleinheiten oder körperliche Nähe für den Partner geben diesen Menschen ein sehr gutes Gefühl. Über Berührungen fühlen sie die Qualität der Beziehung und sie zeigen auch über Zärtlichkeiten ihre Liebe. Für sie zählt eine zärtliche Berührung mehr als die gesprochenen Worte „Ich liebe dich". Der Liebesakt ist nur eine Form des Austauschs von Zärtlichkeiten. Wenn sie einen Partner mit der gleichen Berührungs-Sprache haben, dann finden sie tausend Wege, um ihre Liebe auch in der Öffentlichkeit mittels kleiner Zärtlichkeiten zu zeigen. Für diesen Typ ist jede dieser Berührungen ein Liebesbeweis.
Hier zeigt sich das Problem, warum so viele Menschen sich in einer Beziehung ungeliebt fühlen und sich letztendlich trennen, obwohl jeder von beiden seiner Meinung nach alles gegeben hat. Er hat lediglich auf der falschen Liebessprache kommuniziert. Höchstwahrscheinlich auf seiner eignen, nicht wissend, dass dies beim anderen nicht ankommt.

Viele Menschen reagieren auf die Aussage „Ich fühle mich nicht geliebt von dir" mit absolutem Unverständnis. „Aber ich sage dir doch jeden Tag, dass ich dich liebe und bringe dir jede Woche rote Rosen mit", „Aber du hast mich nie angefasst, mir gezeigt, dass du mich liebst!" sind dann typische Aussagen. Zweifelsohne hat der Mann die Frau geliebt, jedoch leider nicht geschafft, es ihr auf eine Weise zu kommunizieren, die sie verstanden hätte. Seine Liebessprache waren Lob und Anerkennung sowie Geschenke, doch sie brauchte Zärtlichkeiten. Eine einfache, kleine liebevolle Berührung hier und da hätte diese Frau erstrahlen lassen und sie hätte sich wie eine Königin und von Herzen geliebt gefühlt.

Doch dieses Programm soll nicht ergründen, warum du dich von deiner Partnerin oder deinem Partner getrennt hast und ob Du die Beziehung hättest retten können, hier geht es um die Beziehung zwischen dir und deinem Kind.

Auch dein Kind bevorzugt ein bis zwei dieser Liebessprachen – weißt du welche?

Vielleicht bringst du deinem Sohn jedes Mal, wenn ihr euch seht, ein neues Spielzeug mit und knuddelst ihn, sprichst also die Liebessprachen Geschenke und Zärtlichkeiten, doch seine kleine Seele durstet nach einem einfachen „Ich liebe dich" und nach Zweisamkeit, nach fünf Minuten gemeinsamem Power-Ranger-Spielen, in denen du an nichts anderes denkst als an ihn und das gemeinsame Power-Ranger-Spiel.

Doch wie finden wir heraus, welche Liebessprache unser Kind spricht? Wenn wir es fragen, wird es mit Unverständnis oder einer lapidar dahergezogenen Antwort reagieren, die keine Aussagekraft hat.

Jedes Kind liebt Geschenke, jedes Kind kuschelt gern. Doch was sind wirklich seine bevorzugten Liebessprachen?

Hier ist feinfühlige Beobachtungsgabe gefragt! Was tut dein Kind, um seine Liebe auszudrücken? Sagt er/sie es? Kommt sie kuscheln? Hilft er/sie dir übermäßig gern? Schenkt sie/er dir öfter etwas? Will sie/er oft mit dir allein sein?

Was spielt dein Kind? Hier ist es oft am besten zu sehen. Wie gehen die imaginären Spielcharaktere deines Kindes mit einander um? Hier gilt es, genau zu beobachten und es herauszufinden. Dies ist sicher nicht an einem Tag getan, dies wird die Zeit zeigen.

Hier helfen auch eine gemeinsame Beobachtung mit dem anderen Elternteil und ein reger Austausch. Ein weiterer Grund, warum das Verhältnis zwischen euch ein gutes sein muss. Hier haben Groll und Missgunst keinen Platz. Hier darf nichts emotional vorbelastet sein.

Wenn du die primäre Liebessprache deines Kindes herausgefunden hast, so kannst du mit geringem Aufwand und wenig Zeit sicherstellen, dass dein Kind sich wirklich von dir geliebt fühlt!

Einen besseren Grundstein für die Entwicklung deines Kindes kannst du nicht legen und es ist ein extrem emotional belohnendes Gefühl, dies zu erreichen.

Wenn du also die Haupt-Liebessprache deines Kindes entdeckt hast, so wirst du einen super Zugang zu deinem Kind finden und es wird sich in deiner Gegenwart sehr wohl fühlen.

Angenommen, du bist der Elternteil, der nicht jeden Tag bei seinem Kind ist, sondern es nur selten sieht. Meist wird dieser Teil von den Männern eingenommen und die sehen ihr Kind nur alle zwei Wochen am Wochenende oder immer mittwochs, wie auch immer eure Abmachung lautet.

Viele behaupten, dann sei es kaum möglich, eine gute Beziehung zu seinem Kind aufzubauen oder aufrechtzuerhalten. Doch dies muss nicht stimmen.

Viel mehr als die Quantität der Zeit, die ein Kind mit seinen Eltern verbringt, zählt die Qualität.

Richtig ist: Wenn ein Vater sein Kind abholt, es in den Zoo oder auf den Spielplatz schleppt, es spielen lässt, während er telefoniert, oder das Kind zu Hause die ganze Zeit vor die PlayStation setzt, dann wird sich kaum eine vernünftige Beziehung entwickeln.

Der Schlüssel ist hier, qualitativ hochwertige Zeit miteinander zu verbringen.

Trete in die Welt deines Kindes ein! Beschäftige dich mit den Dingen, die deine Tochter oder deinen Sohn beschäftigen.

Wann hast du dir das letzte Mal die Zeit genommen und dich ganz und gar auf die Welt deines Kindes eingelassen? Ich meine zu 100 %?

Wann hast du das letzte Mal mit deiner Tochter im Barbie-Haus gespielt und warst dabei 100%ig anwesend mit all deinen Gedanken?

Es zählt nicht, wenn du halbherzig dabei bist und in Gedanken schon wieder im Büro und beim Projekt, das morgen abgeschlossen werden muss.

Ich meine so wirklich komplett mit 100 % deiner Aufmerksamkeit und jeder Zelle deines Körpers anwesend?

Wann hast du das letzte Mal mit deinem Sohn Power Rangers oder Fußball gespielt und warst komplett mit allen Gedanken und jede Sekunde voll präsent?

Und das nicht nur fünf Minuten, sondern über einen längeren Zeitraum?

Ich weiß, es ist sehr schwierig, hier wirklich 100%ig anwesend zu sein und sich voll und ganz auf das Spiel zu konzentrieren und darin aufzugehen.

Was für eine Bedeutung hat dieses Spiel schon, wenn morgen das große Projekt im Büro auf dich wartet? **Und genau da liegt der Denkfehler! Dieses Spiel bedeutet die Welt für dein Kind! Dieses Spiel ist das Wichtigste überhaupt und dein Kind spürt ganz genau, ob du in Gedanken anwesend bist oder nicht.**

Wenn du dich öffnest und auf diese Weise in die Welt deines Kindes eintrittst, wirst du eine innige Verbindung mit deinem Kind aufbauen, von der du bisher noch nicht einmal zu träumen wagtest.

Doch es ist eine Herausforderung, die Übung, Anstrengung und Hingabe erfordert. Schaffst du es, dein Handy komplett auszuschalten, wenn du mit deinem Kind spielst? Jede mögliche Ablenkung ausschließt? Jedes Mal, wenn du feststellst, dass deine Gedanken abdriften, dich wieder zurück in die Gegenwart und zum Spiel zu holen?

Meine Tochter liebt es, mit Polly Pocket und Filly-Pferdchen zu spielen und es war anfangs extrem anstrengend für mich, mich voll und ganz auf das Spiel mit ihr einzulassen. 100.000 Dinge gingen mir durch den Kopf und eine kleine Stimme im Kopf wollte mich immer wieder ablenken. Schnell mal eine SMS schreiben, kurz E-Mails am Telefon checken. All dies sind Dinge, die wir einfach nebenbei machen könnten und unserer Meinung nach trotzdem am Spiel teilnehmen können. Doch unsere Kinder merken dies, sie realisieren, dass wir nicht 100%ig mit unseren Gedanken präsent sind.

Sie werden es nicht sagen, auch nicht kommunizieren, doch wir werden es langfristig an der Qualität unserer Beziehung zum Kind merken.

Es ist absolut entscheidend, ob wir mit unseren Gedanken und Handlungen 100%ig anwesend sind oder nur zu 99 %.

99 % sind nicht genug!

Versuch es mal – du wirst staunen, wie schwer es ist, die 100 % geistige Anwesenheit zu erreichen. Dies ist ein Reifeprozess. Ein sehr lohnender! Schaffen wir es, werden wir ein tolles Verhältnis zu unseren Kindern aufbauen, das seinesgleichen sucht, und wir werden mit unendlicher Liebe und einem Kind, das sich prächtig entwickelt, belohnt.

Daher ist es nicht entscheidend, ob du dein Kind sieben Tage pro Woche oder nur ein paar Stunden siehst. Entscheidend ist die Qualität der Zeit, die ihr gemeinsam verbringt. Wie aktiv kannst du in die Welt deines Kindes eintreten?

Leider können nur ganz wenige Kinder von solch einem innigen Verhältnis zu Mutter und Vater berichten. Viele Väter leben mit ihren Kindern unter einem Dach, doch schaffen es nie, komplett in die Welt des Kindes einzutreten.

Hier hat ein Vater, der sein Kind an nur einem Tag pro Woche sieht, die Chance, ein viel innigeres Verhältnis zu seinem Kind aufzubauen, als ein Vater, der sein Kind jeden Tag sieht.

Er muss sich nur dafür entscheiden, dass dieser Tag oder diese paar Stunden 100%ig dem Kind gehören. Dass er komplett in die Welt seines Kindes eintauchen kann. Dass sein Kopf frei ist, dass er jede mögliche Ablenkung schon von vornherein ausgeschlossen hat. Das kein Telefon klingelt, dass kein anderer Mensch als sein Kind in dieser Zeit Zugang zu ihm hat.

Hiermit hat jeder Vater die Chance, zum besten Vater des Universums zu werden. Es ist einfach und machbar. Auch du kannst es! Entscheide dich dafür! Entscheide dich dafür, für dein Kind da zu sein!

Ein guter Vater zu sein ist keine Frage der räumlichen Nähe. Es ist eine Entscheidung!

Man entscheidet sich dafür, ein guter Vater zu sein und dies ist keine Unmöglichkeit. Ob man nun bei seinem Kind lebt oder getrennt und 700 Kilometer entfernt!

Übe diese Anwesenheit beim nächsten Besuch. Auch wenn du es noch nicht perfekt hinbekommen wirst, dann mach es beim nächsten Mal etwas besser.

Die langfristigen Vorteile für dich und dein Kind sind unglaublich.

Dein Kind verdient deine volle Aufmerksamkeit und keinen Funken weniger!

Dies gilt ebenso für Mütter. Es ist nicht entscheidend, wie viel Zeit du mit deinem Kind verbringst. Auch wenn dein Kind bei dir lebt und du es, abgesehen von der Zeit, in der du arbeitest, immer um dich hast, was entscheidend ist, ist nicht die Menge an Zeit, sondern die Qualität der Zeit, welche ihr miteinander verbringt.

Wann hast du das letzte Mal solch qualitativ hochwertige Zeit mit deinem Kind verbracht? Auch wenn ihr zusammenlebt, wann war eure gemeinsame Zeit das letzte Mal durch deine 100%ige Anwesenheit geprägt?

Gerade die Elternteile, die immer beim Kind sind, vergessen oft die qualitative Zeit oder stellen diese hinten an.

Liebe Mütter und Väter, nehmt euch die Zeit! Gebt euer Bestes und noch 10 % mehr. Eure Kinder haben es verdient!

Sie brauchen euch und sie brauchen diese qualitative Zeit!

Ein weiterer Faktor für die strahlende Zukunft deines Kindes

Es gibt noch einen weiteren wichtigen Einflussfaktor auf die Entwicklung deines Kindes!

Euer Kind wird nicht nur die Beziehungen zwischen dir und der Mutter/dem Vater eures Kindes modellieren und als richtigen Weg ansehen, sondern auch deine Beziehung zu deinem neuen Partner!

Bist du bereits in einer neuen Beziehung? Ob du die Mutter oder der Vater bist und ob euer Kind bei dir lebt oder nicht, welche Art einer Beziehung „sieht" dein Kind bei euch?

Wie geht ihr miteinander um? Bist du durch und durch glücklich oder sieht das Kind auch hier wieder Streit und den Beginn des gleichen Weges, der bereits bei den Eltern zur Trennung geführt hat?

Was hast du aus der Trennung vom Vater oder der Mutter deines Kindes gelernt? Was machst du in deiner neuen Beziehung anders? Was machst du wirklich anders? Es besteht meist ein großer Unterschied zwischen dem, was wir uns für eine neue Beziehung vornehmen und dem, was wir dann wirklich leben. Denn schließlich nehmen wir uns ja selbst mit in die neue Beziehung. Haben wir uns nicht geändert, so wird auch die Beziehung in ihrem Wesen wieder der letzten gleichen.

Wir alle kennen das Gefühl, uns im Leben im Kreise zu drehen. Egal was wir anstellen und was wir uns vornehmen, irgendwie wiederholt sich alles. Irgendwie geraten wir immer wieder an den gleichen Typen Mensch und die nächste Beziehung läuft wieder sehr ähnlich ab wie die letzte.

Es ist, als würde uns das Leben immer wieder die gleiche Nachricht schicken und dies wird weiterhin so sein, bis wir die Lehre darin verstanden haben.

Das Leben stellt uns Aufgaben, an denen wir wachsen sollen. Aufgaben, die zu unserer Entwicklung beitragen sollen. Aufgaben, deren Lösung uns voranbringen soll.

Lösen wir diese Aufgabe nicht oder verstehen die Lehre darin nicht, so wird uns das Leben die gleiche Aufgabe oder Lehre immer wieder bringen. Immer lauter und schmerzvoller, bis wir es verstanden haben.

Es gibt zu viele alleinerziehende Mütter mit mehreren Kindern von verschiedenen Vätern und zu viele getrennt lebende Väter mit Kindern bei verschiedenen Müttern auf dieser Erde, die noch keine Ahnung haben, warum ihnen dies immer wieder passiert. Sie ziehen immer wieder den gleichen Kreis und suchen die Schuld immer bei den anderen.

Doch so lange sie diese Schuld beim Partner suchen, werden sie die Lösung niemals finden! Die Lösung liegt immer bei uns selbst. Nur uns selbst können wir verändern. Wir verändern uns ohnehin jeden Tag. Doch die Frage ist, in welche Richtung?

Verstehen wir die Lehren, die uns das Leben schickt, und werden bessere Menschen oder ignorieren wir diese und bekommen das Gleiche, was wir immer bekommen haben?

Welche Lehre will uns unser Kind bringen? Was sollen wir daraus lernen, dass wir uns vom Vater oder der Mutter unseres Kindes getrennt haben? Was war der tiefere Sinn dahinter? Welche Aufgabe haben wir zu meistern?

Wer wird leiden, wenn wir diese Aufgabe nicht meistern? Meist leiden wir selbst nicht so sehr wie andere, in diesem Falle unsere Kinder.

Können wir es verantworten, dieses Leiden weiter stattfinden zu lassen, oder lösen wir die Aufgaben, die uns das Leben stellt und finden eine bestärkende Bedeutung darin? Ändern wir die Welt mit dem Wissen, das wir erwerben?

Warum habe ich meine Tochter verlassen müssen? Weil ich kein guter Vater war? Weil ich ein Versager war? All solche Fragen quälen unzählige Väter und Mütter in diesen Tagen.

Ich denke, die Beziehung zu meiner Ex musste enden, damit ich daran wachse und einen neuen Weg finde, um eine noch bessere Beziehung zu meiner Tochter, trotz großer räumlicher Trennung, aufbauen zu können.

Ich musste diese Aufgabe, die mir das Leben stellte, erkennen, annehmen und meistern, um dann in der Lage zu sein, mit meinem Wissen Hunderttausenden anderen getrennten Eltern und Kindern von getrennten Eltern helfen zu können, das Gleiche zu tun, um einen der größten Schmerzen auf diesem Planeten zu heilen.

Vielleicht hat das Universum, Gott, das Kraftfeld, wie auch immer du es nach deinem spirituellen Glauben nennst, meine Exfreundin und mich zusammenführen und dieses wundervolle Kind entstehen lassen, damit ich nach einer sehr schmerzvollen Trennung auf eine Lösung komme, mit welcher ich Millionen von Kindern und Erwachsenen helfen kann, ihren Schmerz zu lösen und ein besseres Leben leben zu können. Denn das ist mein innigster Wunsch! Ich wünsche mir, dass dieses Programm dazu beiträgt, dass du eine andere Sicht auf die Dinge bekommst und im Sinne deines Kindes handelst.

Dieses Programm wird nicht die Welt verändern. Die Menschen, die es nutzen und danach anders handeln als vorher, sie sind diejenigen, welche die Welt verändern. Ich wünsche mir, dass du eine oder einer davon bist. Ich wünsche mir, dass du dich nicht weiter von deinem Ego steuern lässt. Ich wünsche mir, dass du in Zukunft anders handelst als bisher und deine Entscheidungen und Bedeutungen immer zum Wohle deines Kindes gehen. Du und dein Kind werden dann andere Dinge tun, andere Dinge erleben und andere Dinge bewegen. Machen wir diesen Planeten besser und freier für unsere Kinder, als wir ihn von unseren Eltern erhalten haben. Beginnen müssen wir bei uns, wenn wir uns verändern,

verändern wir die Welt! Ich danke dir, dass du ein Teil davon bist, und kann es kaum erwarten, auch von dir und deiner Geschichte zu lesen, in welcher Form du deine und die Welt deines Kindes verändert hast! Alle Gute für dich und deinen kleinen Prinzen und deine kleine Prinzessin!

Umgib dich mit Vorbildern

Angenommen, du willst einen Kuchen backen, der genauso gut werden soll, wie der eines preisgekrönten Bäckermeisters.

Was brauchst du dann? Nun, du brauchst das Rezept und müsstest vielleicht einige Male üben, bevor es dir gelingt.

Wenn du dich aber an jede Einzelheit des Rezeptes hältst und sorgfältig vorgehst, wirst du ein ähnlich gutes Resultat wie der Bäckermeister erreichen – selbst wenn du vorher noch nie einen Kuchen gebacken hast.

Der Bäcker hat vielleicht jahrelang ausprobiert und getüftelt, bis er schließlich sein Rezept entwickelt hat. Du kannst dir diese jahrelange Arbeit sparen, indem du einfach seinem Rezept folgst.

Ebenso ist es, wenn es darum geht, ein entspanntes und friedvolles Verhältnis zu deiner/m Ex aufzubauen.

Schau dir an, was andere, die es geschafft haben, gemacht haben, und tu genau das Gleiche. Modelliere ihr Rezept, folge genau diesen Schritten.

Dieses Programm zeigt dir genau diese Schritte, die bereits vielen Menschen ein tolles Verhältnis zum/zur Expartner(in) gebracht haben. Viele glückliche Kinder verdanken der Persönlichkeitsentwicklung ihrer Eltern eine sorgenfreie und friedvolle Kindheit, trotz Trennung der Eltern.

Wir bleiben niemals unbeeinflusst

Im alten Griechenland gaben sich die Eltern nicht damit zufrieden, dass ihre Kinder einige Stunden am Tag unterrichtet wurden.

Vielmehr sorgten sie dafür, dass die Kinder mehrere Jahre mit ihrem Mentor zusammenlebten. Sie waren davon überzeugt, dass das Erleben des Alltags mit dem Mentor eine bessere Schule sei.

Nichts wird stärkeren Einfluss auf dein Leben ausüben als die Menschen, mit denen du dich umgibst

Das scheint im ersten Moment vielleicht etwas übertrieben. Und doch ist es so.

Wir sind gerade erst am Anfang, das menschliche Gehirn zu verstehen. Aber es besteht Einigkeit darüber, dass wir alles speichern, was um uns herum geschieht. Fast scheint es so, als wären unsere Augen Kameras und unsere Ohren Mikrofone.

Wir nehmen alles auf, was um uns herum gespielt wird, und speichern es ab. Stark vereinfacht können wir unser Unterbewusstsein mit einer riesigen Kassette vergleichen, auf der alles gesammelt wird, was wir erleben.

Nichts geht verloren. Ist es da nicht logisch, dass auch genau das abgespult wird, was wir gespeichert haben? Woher sollte auch etwas anderes kommen?

Was würdest du von einem Menschen halten, der sich immer wieder eine Kassette mit Musik von Michael Jackson anhört, in der Hoffnung, er würde irgendwann Mozart mögen?

Die einfachste und beste Art zu lernen

Wir speichern von unseren Mitmenschen viel mehr, als wir vielleicht glauben. Zwar mag der ein oder andere hoffen, wir würden nur die Dinge von anderen übernehmen, die wir uns aneignen wollen. Tatsächlich aber speichern wir alles, was wir erleben. Dies geschieht überwiegend unbewusst. Das ist zunächst auch gut so, denn diese Prozesse bilden die wirkungsvollste und beste Möglichkeit zu lernen.

Etwas aufzunehmen und dann abzuspielen erlaubt uns, auf unbewusste, einfache Art zu lernen. Diese natürliche Lernmethode ist der gesteuerten, der wir uns in unseren Schulen bedienen, weit überlegen.

Vielleicht kennst du auch eine Person, die sich einige Zeit vergeblich bemüht hat, eine Fremdsprache zu erlernen. Dann ist sie für einige Zeit in ein Land gefahren, in dem diese Sprache gesprochen wird. Innerhalb von wenigen Monaten beherrscht sie daraufhin die Sprache ziemlich gut.

Wir können aus Büchern niemals so viel lernen wie durch die Lernmethode, die bei uns am stärksten ausgebildet ist:

Unbewusstes Lernen durch Imitation

Kleine Kinder in einem fremden Land können ihre Muttersprache sprechen - auch wenn sie uns noch so kompliziert erscheint.

Und sie haben die dortigen kulturellen Eigenarten übernommen. Beides fällt ihnen nicht schwer, denn sie lernen dadurch, dass sie andere Menschen nachahmen. Natürlich ahmen sie in erster Linie nicht irgendwelche Menschen nach, sondern die Menschen in ihrer nahen Umgebung.

Nicht unsere Herkunft gibt den Ausschlag, wie wir denken und fühlen, sondern die Umgebung, in der wir aufwachsen.

Was bedeutet dies also für dich und dein Kind? Wie sieht euer Umfeld aus?

Gibt es viele getrennte Eltern oder sind die meisten noch GLÜCKLICH zusammen?

Wenn die Eltern getrennt sind: Wie ist deren Verhältnis zum/zur Expartner(in)?

Sind dort gute Verhältnisse an der Tagesordnung? Oder eher der nie endende Streit?

Mit wem musst du dich umgeben, damit du automatisch positiv beeinflusst wirst, um ein gutes friedvolles Verhältnis mit deinem/r Ex zu haben?

Da ich weiß, wie schwierig es sein kann, ein unterstützendes Umfeld zu finden, und, da es leider noch viel zu wenig Trennungseltern da draußen gibt, die soweit gereift sind zu erkennen, dass eine friedvolle und harmonische „Nachbeziehungs-Beziehung" zwischen Mutter und Vater ein absolutes Muss für das Wohlergehen der Kinder ist, habe ich eine Community zum Austausch geschaffen.

Diese Community bietet eine tolle Austauschmöglichkeit für Eltern, die daran interessiert sind, ihren Kindern eine friedvolle, glückliche Kindheit zu ermöglichen.

Mehr Informationen dazu findest du auf:

www.GluecklicheTrennungsKinder.de/Community

Die Emotionen und Gedanken der Menschen in deinem Umfeld haben folgenden Einfluss auf dich, dein Leben, dein Kind und alles, womit du dich umgibst ...

Das, was mit uns als kleinen Kindern geschieht, setzt sich unser ganzes Leben lang fort. Ständig werden wir beeinflusst. Ständig wird etwas auf unsere Kassette gespult. Was auch immer auf deiner mentalen Kassette gespeichert wird, wird auf dem Bildschirm deines Lebens erscheinen.

Stell dir andere Menschen als Steinmetz und dich selbst als Marmorblock vor: Jeder feilt und hämmert an dir herum, um dich nach seinem Geschmack zu formen. Jeder in deiner Nähe wird tatsächlich ständig Veränderungen an dir vornehmen, die nur schwer zu korrigieren sind. Nach keiner Begegnung mit irgendeinem Menschen bist du noch derselbe. Jede Begegnung prägt, etwas färbt immer ab.

Die Frage ist: Wer prägt dich? Und damit dein Kind? Wie sind die Meinungen, Einstellungen und Beziehungen dieser Menschen zu den Vätern/Müttern ihrer Kinder?

Darin liegt die Chance zur Veränderung. Unser jetziges Umfeld und damit unsere jetzigen davon geprägten Gedanken und Gefühle haben uns das gebracht, was wir heute haben.

Dieselben Gedanken und Gefühle werden uns aber nicht zu dem machen, der wir gerne wären. Das heißt, wir können nicht genau derselbe bleiben, aber andere Resultate erwarten. Wenn wir andere Ergebnisse erzielen wollen, dann müssen wir lernen, anders zu denken und anders zu fühlen.

Kleine Kinder übernehmen die E-Motionen der Personen um sich herum, indem sie deren Bewegungen (Motionen) nachmachen.

Das Gleiche gilt für uns. Der beste Weg, jemanden zu verstehen, ist, sich so zu bewegen wie er. Denn Motionen erzeugen Emotionen. Gedanken anderer Menschen übernehmen wir, wenn wir so sprechen, wie diese sprechen.

Der Lernvorgang geht also viel weiter, als dies zunächst scheint. Wir lernen ständig. Wir übernehmen tatsächlich sehr viel von der Denkweise und von den Gefühlen der Menschen um uns herum.

Die Frage ist: Von wem übernehmen wir dies? Von Positiv- oder Negativ-Vorbildern?

Wir speichern alles

Diese Lernmethode hat den großen Vorteil, dass wir unbewusst und ständig lernen.

Aber sie hat auch den Nachteil, dass wir nicht bewusst filtern können, was wir speichern wollen, wenn wir einmal einem bestimmten Einfluss ausgesetzt sind.

Wer sich Mühe gibt, ein gutes friedvolles Verhältnis zu seinem/r Ex aufzubauen und es trotzdem nicht richtig schafft, der spielt wahrscheinlich einfach die falschen Bänder ab.

Wann immer es dir schwer fällt, die gewünschten Ergebnisse zu erzielen, ist dies der Augenblick, den Stopp-Knopf deines mentalen Kassettenrecorders zu drücken und einen kritischen Blick auf die mentalen Kassetten zu werfen, die du gerade abspielst.

Was hast du dort gespeichert? Vielleicht stellst du dann fest, dass du einige Bänder auswechseln solltest. Was glaubst du, wird dir eine andere Kassette beschaffen?

Es wird nicht ausreichen, sich zu wünschen, dass du eine andere Musik spielst. Du musst andere Dinge speichern und dafür musst du dich mit den Menschen umgeben, die genauso leben, wie deine Kassette aussehen soll. Umgib dich mehr mit Menschen, die Eigenschaften haben, die du lernen willst.

Genau dafür haben wir die Community geschaffen.

Hier findest du Gleichgesinnte, kannst dich austauschen und wirst auf deinem Wege unterstützt.

Du findest diese Community auf:

www.GluecklicheTrennungsKinder.de/Community

Du hast jetzt die freie Wahl

Bis zu einem gewissen Alter konnten wir uns unsere Umgebung nicht selbst aussuchen. Wir waren gewissermaßen Opfer unserer Umgebung, sei es positiv oder negativ. Unser Unterbewusstsein wurde auf eine bestimmte Weise programmiert, ob wir wollten oder nicht. Genau in dieser Situation befindet sich dein Kind heute.

Als Erwachsener umgeben uns zwei großen Gruppen von Menschen:

Eine Gruppe braucht uns, die zweite braucht uns nicht.

Bei der ersten Gruppe haben wir Verantwortung und müssen helfen. Vergessen wir aber nicht, dass wir möglicherweise effektiver helfen können, wenn wir selbst stärker geworden sind.

In der Gruppe derjenigen, die dich nicht unbedingt brauchen, gibt es Menschen, die akzeptieren, dass du lernen und wachsen willst – und es gibt manche, die dich bremsen und zurückhalten wollen.

Hier müssen wir wissen, dass wir die Wahl haben. Wir müssen unsere Zeit nicht nur mit ihnen verbringen. Wir sind viel freier als wir ahnen.

Wir können sehr stark unser Schicksal bestimmen. Die meisten Menschen erkennen nicht, dass sie die Macht haben, die in der Wahl liegt. Sie bleiben wie kleine Kinder, die keine Möglichkeit haben, einfach eine andere Umgebung zu wählen.

Wir können uns bewusst entscheiden, von wem wir uns beeinflussen und programmieren lassen wollen.

Wir können zwar unser Unterbewusstsein nicht einfach vorübergehend ausschalten, aber wir können meist wählen, mit wem wir uns umgeben. Keiner kann uns zwingen, uns bremsen zu lassen. Wir allein unterscheiden über unser Umfeld und damit über unser Leben!

Das bedeutet ...

Auf diese Erkenntnis reagieren Menschen sehr unterschiedlich. Manche meinen, sich sofort von allen Bekannten trennen zu müssen, die nicht da angekommen sind, wo sie sein wollen, und sich noch entwickeln.

Dies ist aber meist weder notwendig noch angebracht. Vielmehr sollten wir unseren Bekannten helfen, so gut es geht und soweit sie sich helfen lassen wollen.

Dränge ihnen deine Hilfe aber nicht auf. Wer nicht um Rat fragt, der will auch meist keinen.

Die Hilfestellung für Erwachsene und Kinder funktioniert oft sehr ähnlich: Das Einzige, was wir auf Dauer für sie tun können, ist ihnen zu helfen, sich selbst zu helfen.

Wenn du selbst Rat benötigst: Frage nur Menschen, die erfolgreicher sind als du. Es macht keinen Sinn, auf Tipps von Personen zu hören, die selbst nicht wissen, wie es geht.

Meist sind deren Ratschläge in erster Linie Rechtfertigungen der eigenen Situation. Nimm dir erfolgreiche Menschen zum Vorbild, die erreicht haben, was du erreichen willst.

Natürlich erhebt sich sofort die Frage: Was ist Erfolg? Der Autorin Bessi A. Stanley ist eine schöne Definition für Erfolg gelungen:

Es hat derjenige Erfolg erzielt ...
Der gut gelebt hat, oft lachte und viel liebte;
Der sich den Respekt von intelligenten Menschen verdiente
und die Liebe von kleinen Kindern;
Der eine Lücke gefunden hat, die er mit Leben füllte,
und der seine Aufgabe erfüllte;
Ob entweder durch schöne Blumen, die er züchtet,
ein vollendetes Gedicht oder eine gerettete Seele;
Dem es nie an Dankbarkeit fehlte
und der die Schönheit unserer Erde zu schätzen wusste,
und der nie versäumte, dies auszudrücken;
Der immer das Beste in anderen sah
und stets sein Bestes gab;
dessen Leben eine Inspiration war
und die Erinnerung an ihn ein Segen.

Wir müssen uns überlegen, welche Menschen wir kennenlernen wollen, um von ihnen zu lernen.

Denn es ist leicht, ein gutes Verhältnis zu unserem Ex und unseren Kindern aufzubauen, wenn wir uns mit Menschen umgeben, die dies bereits geschafft haben. Such dir die Nähe von Menschen, die einfach mehr von dir erwarten. Diese Erwartung kann zu einem starken Antrieb werden und deine Entwicklung ungemein fördern.

Wer ist intelligenter – Krabben oder Menschen?

Wenn du dich häufiger mit Menschen umgibst, die sich aktiv für das Wohl ihres Kindes einsetzen, dann wirst du feststellen, dass du dich veränderst.

Nicht jeder deiner Bekannten wird diese Veränderung begrüßen. Manche wollen dich regelrecht davon abhalten zu lernen und zu wachsen.

Hast du schon einmal beobachtet, was geschieht, wenn aus einem Eimer mit mehreren Dutzend Krabben eine herauskrabbeln will?

Die anderen halten sie zurück. Sobald eine Krabbe den Rand des Eimers erreicht und mit dem nächsten Schritt dem Eimer entkommen wäre, zieht eine andere von unten an ihrem Panzer und zieht sie somit zurück in den Eimer.

Wenn wir vermuten, dass Menschen schlauer seien als Krabben, so liegen wir leider falsch.

Manche Menschen handeln wie Krabben. Nicht bösartig. Einfach so.

Es ist wichtig, dass du dich nicht zurückhalten lässt. Du wirst auf Dauer keinen nennenswerten Erfolg haben können, wenn Menschen in deinem Umfeld dich bewusst oder unbewusst bremsen wollen.

So hart das auch sein mag, aber es bleibt dir dann nur die Wahl, dich von deinen Zielen und dem Wunsch, deinem Kind eine friedvolle und glückliche Kindheit zu schenken, in der es sich zu seinem vollen Potenzial entwickeln kann, oder den Menschen, die dich zurückhalten wollen, zu trennen.

Lass dich nicht fesseln. Wir helfen uns und anderen nicht, indem wir aufhören zu wachsen.

Damit soll kein Urteil über den Wert dieser Personen getroffen werden. Alle Menschen sind wertvoll und einzigartig. Manchmal stellt sich aber nach einiger Zeit heraus, dass man nicht zusammenpasst.

Das ist traurig und manchmal muss man handeln. **Niemals aber sollten wir den Wert eines anderen Menschen infrage stellen.**

Mit Disziplin setzen wir Gewohnheiten in Gang. Mit Gewohnheiten halten wir diese Verhaltensweisen in Gang. Gewohnheiten lassen uns die wichtigen und richtigen Dinge unseres Lebens automatisch und ohne Anstrengung tun. Der Schlüssel zu diesen Gewohnheiten sind die Menschen, mit denen wir uns umgeben.

Es gibt Strategien für jeden Bereich des Lebens. Wenn wir diese Strategien übernehmen, können wir es in diesen Bereichen zur Meisterschaft bringen. Dieses Vorgehen erspart viel Zeit und Mühe. Die meisten Menschen bewundern Helden. Ganz wenige untersuchen die Strategien dieser Menschen und übernehmen sie in ihrem Leben.

Verantwortungsvolle Eltern machen sich selbst ein Geschenk: Sie umgeben sich mit Menschen, die nicht zulassen, dass sie sich mit weniger zufrieden geben, als sie sein können.

Sie sorgen dafür, dass sie sich mit Menschen umgeben, die sie fördern, und fördern selbst andere. Von Menschen, die es geschafft haben, ihr eigenes Ego zu besiegen und ihren Kindern die beste Möglichkeit zu geben, sich zu entwickeln, indem sie Zugang zu Mutter und Vater haben. Von diesen Menschen umgeben zu sein, beeinflusst und verändert uns stetig. Wir werden selbst zu einem solchen Menschen.

Dieses Programm erhebt nicht den Anspruch auf Vollständigkeit. Zu reichhaltig und vielseitig ist das Leben, als dass wir es auf wenige Seiten beschränken könnten.

Menschen, die es geschafft haben, behaupten auch nicht, der Weisheit letzten Schluss gefunden zu haben. Sie wissen um Wandlung und Veränderung, die Grundlage alles Existierenden sind. Sie wissen, dass jede Wahrheit auch immer eine andere Seite hat.

Danksagung

Ich möchte den vielen Menschen, die mich auf meinem Weg begleiteten, ohne die es dieses Buch nie gegeben hätte, danken. In erster Form meinen Eltern, die sich trennten, als ich zehn war und in keinster Weise anwandten, was in diesem Programm dargelegt wird. Ich weiß, dass sie beide das Beste aus dem gemacht haben, was ihnen an Ressourcen und Wissen zur Verfügung stand.

Auch wenn ich es in der ersten Instanz, der Beziehung zur Mutter meines Kindes, nicht geschafft habe, es besser zu machen als meine Eltern, und auch diese Beziehung mit einer Trennung endete, so haben meine Eltern in mir den starken Wunsch und Antrieb entfacht, es besser zu machen und einen Weg zu finden, trotz Scheidung ein gutes Verhältnis zu meiner Expartnerin und meiner geliebten Tochter zu erschaffen.

Natürlich gehört mein Dank von ganzem Herzen besonders meiner kleinen Tochter Jil-Varienne, denn sie hat mir gezeigt, wofür es lohnt zu leben. Dass es etwas Größeres gibt als uns selbst und unser Ego.

Die Liebe zu ihr war der Antrieb, mein eigenes Leben zu meistern und anschließend Hunderttausenden von Menschen zu helfen, das Gleiche zu erreichen. Auch danke ich meiner neuen Lebenspartnerin für die Unterstützung und das Verständnis, dass ein gutes Verhältnis zu meiner Ex sehr wichtig ist.

Ebenso gilt der Dank natürlich auch meiner Exfreundin Nicole, dass auch sie ihr Ego besiegt hat und zum Wohle der Kleinen ein gutes Verhältnis zwischen uns ermöglicht. Ohne sie wäre weder das tolle Verhältnis zu meiner Tochter noch dieses Programm möglich gewesen.

Weiterhin gebührt mein Dank auch ihrem neuen Lebenspartner Florian, der mir als Anwalt für Familienrecht am Anfang das Leben sehr schwer machte und mich sehr viel lernen ließ. Auch ihm zolle ich meinen vollen Respekt dafür, dass auch er es schaffte, sein Ego abzulegen und den für das Kind besten Wege einzuschlagen. Heute bin ich stolz, ihn als guten Freund bezeichnen zu können.

Mein tiefster Dank gebührt auch meiner Schwester Corina, die zuerst anwandte, was ich in diesem Programm an Möglichkeiten darlege und binnen kürzester Zeit den Weg fand von einem bereits jahrelang anhaltenden furchtbaren Hassverhältnis zum Vater ihres Kindes zu einer liebevollen „Nach-Beziehungs-Beziehung". Damit ermöglichte sie meinem kleinen Neffen Simon eine glückliche Kindheit. Die Veränderungen im Wesen des kleinen Mannes zu beobachten, seitdem er wieder Zugang zu beiden Eltern hat, ist ein großes Geschenk. Corina wurde dann zu einer Art Co-Autorin für dieses Programm, sie war diejenige, die ermöglichte, dass dieses Programm sowohl für Väter als auch für Mütter geeignet ist.

Diese Aufzählung wäre nicht vollständig, wenn ich mich nicht bei meinen Lesern und Seminarteilnehmern bedanken würde. Unzählige von ihnen haben mir geschrieben und mich ermutigt, ein Buch über den Weg zu glücklichen Kindern trotz Trennung oder Scheidung der Eltern zu schreiben. Gleichzeitig haben sie mir dabei geholfen, aus der Fülle der Schritte und Möglichkeiten die wichtigsten auszuwählen.

Ich wünsche dir und deinem Kind, dass du die Erkenntnisse aus diesem Programm verinnerlichen und umsetzen kannst. Dass ihr beide ein Leben voller Freude und ohne unnötigen emotionalen Ballast, resultierend aus einer Trennung von Mutter und Vater, leben könnt.

Es liegt in deiner Hand, ob dein Kind sein Leben lang die Aufgabe bewerkstelligen muss, auf der Suche nach dem zweiten Teil in sich zu sein, oder ob es von Anfang an mit Zugang zu beiden inneren Teilen seiner selbst aufwachsen kann. Stell dir vor, was dein Kind in seinem Leben alles erreichen und bewegen kann, wenn dieser emotionale Ballast von ihm genommen wird ...

Dir und deinem Kind wünsche ich genau dies und ein Leben voller Liebe, Selbstwert, Licht und Glück ...

Hochachtungsvoll, dein Gunnar R. Keßler

Bist du vom Inhalt dieses Buches begeistert und möchtest den Autor persönlich kennenlernen? Komm einfach zu einer unserer Veranstaltungen.

Termine findest du auf unserer Webseite:

www.GlueckIicheTrennungsKinder.de

Weiterführende Betreuung und kostenlose Bonustipps vom Autor

Gern kannst du dir auch die Bonustipps zum Inhalt des Buches kostenlos von unserer Webseite herunterladen und dich für den wöchentlichen „Glückliche-TrennungsKinder-Rundbrief" registrieren. Hier versendet Gunnar wöchentliche Tipps und Schritte zum systematischen Aufbau einer gefestigten und harmonischen Mutter-Vater-Kind-Beziehung nach der Trennung. Damit kannst du sicherstellen, dass eurem Kind alle Möglichkeiten gegeben werden, sich bestens zu entwickeln, auch wenn die Eltern getrennt leben. Dieser Rundbrief ist für Leser dieses Buches kostenlos. Melde dich hier an:

www.GluecklicheTrennungsKinder.de/ BuchBonus

Kontakt zu gleichgesinnten Eltern, eine Möglichkeit zum Austausch und den Weg der Veränderung gemeinsam zu gehen.

Besuche uns auch auf Facebook und trete in Kontakt zu gleichgesinnten Eltern. Entdecke die Erfolge, die andere mit diesem Programm haben, und erhalte regelmäßig tolle Tipps. Drücke „Gefällt mir" auf unserer offiziellen Facebookseite:

www.GluecklicheTrennungsKinder.de/ Facebook

Exklusivbonus

Ich freue mich, dass du dich mit diesem Buch auf eine Reise begeben hast, die das Leben deines Kindes massiv zum Besseren verändern kann.

Damit diese Reise hier nicht enden muss, möchte ich dich einladen, auf eines meiner zahlreichen Seminare zu kommen.

Diese Seminare, in denen ich dir ein genaues Schritt-für-Schritt-System zeige, mit dem du die Erkenntnisse aus diesem Buch einfach und mit Spaß umsetzen kannst, haben einen regulären Preis von 299 €.

Mir liegt das Wohl deines Kindes so sehr am Herzen, dass ich dir gern ein solches Ticket schenken möchte.

Mein größter Wunsch wäre, dass du gemeinsam mit der Mutter bzw. dem Vater deines Kindes aufs Seminar kommst.

In diesem Falle gilt dieses Ticket sogar für euch beide!

Die Termine und Veranstaltungsorte für die nächsten Seminare findest du auf:

www.GluecklicheTrennungsKinder.de/
Seminarticketsbuchspecial

<u>Gutschein</u>

gültig für ein Ticket zum

Glückliche-Trennungskinder-Seminar

von und mit Gunnar R. Keßler

im Wert von 299 €

Dieser Gutschein gilt für ein Seminarticket zu einem „Glückliche-Trennungskinder-Seminar" inkl. Seminarunterlagen für eine Person.

Aktuelle Termine und Veranstaltungsorte findest du auf

www.GluecklicheTrennungsKinder.de/Seminarticketsbuchspecial

Achtung, dieser Gutschein muss registriert und gegen ein reguläres Ticket eingetauscht werden, damit der Zutritt zum Seminar gewährt werden kann.

Bitte tausche diesen Gutschein gegen dein persönliches Ticket ein auf:

www.GluecklicheTrennungsKinder.de/Seminarticketsbuchspecial

Wichtig: Das Seminarticket hat nur Gültigkeit in Verbindung mit diesem Gutschein. Bitte trenne diese Seite vorsichtig aus dem Buch und bringe beides zum Seminar mit.

Topbonus:

Sollten die getrennt lebenden Eltern gemeinsam zum Seminar kommen, so erhalten beide Zugang zum Seminar inkl. doppelter Ausführung der Seminarunterlagen. Bitte gib dies bereits bei der Registrierung des Gutscheins mit an.

»ICH RICHTE MIR EIN ZIMMER EIN IN DER LUFT«

Gedichte von Frauen

Herausgegeben von Marie Bernhard
Mit Illustrationen von Gerda Raidt

INSEL VERLAG

Insel-Bücherei Nr. 1538

»ICH RICHTE MIR EIN ZIMMER
EIN IN DER LUFT«

MASCHA KALÉKO

In dieser Zeit

Wir haben keine andre Zeit als diese,
Die uns betrügt mit halbgefüllter Schale.
Wir müssen trinken, denn zum zweiten Male
Füllt sie sich nicht. – Vor unserm Paradiese

Droht schon das Schwert, für das wir auserlesen,
Verlorner Söhne landvertriebene Erben.
Wir wurden alt, bevor wir jung gewesen,
Und unser Leben ist ein Nochnichtsterben.

Wir kamen einst mit Kindes Gläubigkeit
In ein vom Sturm verwüstetes Jahrhundert.
Einst hofften wir. Nun schweigt's in uns verwundert.
Ihr aber könnt nur helfen dem, der schreit.

Verstohlen träumen wir von Wald und Wiese
Und dem uns zugeworfnen Brocken Glück …
Kein Morgen bringt das Heute uns zurück,
Wir haben keine andre Zeit als diese.

ANNETTE VON DROSTE-HÜLSHOFF

Am Turme

Ich steh' auf hohem Balkone am Turm,
Umstrichen vom schreienden Stare,
Und lass' gleich einer Mänade den Sturm
Mir wühlen im flatternden Haare;
O wilder Geselle, o toller Fant,
Ich möchte dich kräftig umschlingen,
Und, Sehne an Sehne, zwei Schritte vom Rand
Auf Tod und Leben dann ringen.

Und drunten seh' ich am Strand, so frisch
Wie spielende Doggen, die Wellen
Sich tummeln rings mit Geklaff und Gezisch,
Und glänzende Flocken schnellen.
O, springen möcht' ich hinein alsbald,
Recht in die tobende Meute,
Und jagen durch den korallenen Wald
Das Walroß, die lustige Beute!

Und drüben seh' ich ein Wimpel wehn
So keck wie eine Standarte,
Seh' auf und nieder den Kiel sich drehn
Von meiner luftigen Warte;
O, sitzen möcht' ich im kämpfenden Schiff,
Das Steuerruder ergreifen,
Und zischend über das brandende Riff
Wie eine Seemöve streifen.

Wär ich ein Jäger auf freier Flur,
Ein Stück nur von einem Soldaten,
Wär ich ein Mann doch mindestens nur,
So würde der Himmel mir raten;
Nun muß ich sitzen so fein und klar,
Gleich einem artigen Kinde,
Und darf nur heimlich lösen mein Haar,
Und lassen es flattern im Winde!

HERTHA KRÄFTNER

Abends

Er schlug nach ihr. Da wurde ihr Gesicht
sehr schmal und farblos wie erstarrter Brei.
Er hätte gern ihr Hirn gesehn. – Das Licht
blieb grell. Ein Hund lief draußen laut vorbei.

Sie dachte nicht an Schuld und Schmerz und nicht
an die Verzeihung. Sie dachte keine Klage.
Sie fühlte nur den Schlag vom nächsten Tage
voraus. Und sie begriff auch diesen nicht.

SOPHIE MEREAU

Feuerfarb

Ich weiß eine Farbe, der bin ich so hold,
die achte ich höher als Silber und Gold,
die trag ich so gerne um Stirn und Gewand,
und habe sie *Farbe der Wahrheit* genannt.

Wohl reizet die Rose mit sanfter Gewalt;
doch bald ist verblichen die süße Gestalt:
drum ward sie zur Blume der *Liebe* geweiht;
bald schwindet ihr Zauber vom Hauche der Zeit.

Die Bläue das Himmels strahlt herrlich und mild;
drum gab man der *Treue* dies freundliche Bild.
Doch trübet manch Wölkchen den Äther so rein;
so schleichen beim Treuen oft Sorgen sich ein.

Die Farbe des Schnees, so strahlend und licht,
heißt Farbe der *Unschuld*; doch dauert sie nicht.
Bald ist es verdunkelt, das blendende Kleid:
so trüben auch Unschuld Verleumdung und Neid.

Und Frühlings, von schmeichelnden Lüftchen entbrannt,
trägt Wäldchen und Wiese der *Hoffnung* Gewand.
Bald welken die Blätter und sinken hinab:
so sinkt oft der Hoffnungen liebste ins Grab.

Nur *Wahrheit* bleibt ewig, und wandelt sich nicht:
sie flammt wie der Sonne allleuchtendes Licht.
Ihr hab ich mich ewig zu eigen geweiht.
Wohl dem, der ihr blitzendes Auge nicht scheut!

Warum ich, so fragt ihr, der Farbe so hold,
den heiligen Namen der *Wahrheit* gezollt? –
Weil flammender Schimmer von ihr sich ergießt,
und ruhige Dauer sie schützend umschließt.

Ihr schadet der nässende Regenguss nicht,
noch bleicht sie der Sonne verzehrendes Licht:
drum trag ich so gern sie um Stirn und Gewand,
Und habe sie *Farbe der Wahrheit* genannt.

ILSE AICHINGER

Gebirgsrand

Denn was täte ich,
wenn die Jäger nicht wären, meine Träume,
die am Morgen
auf der Rückseite der Gebirge
niedersteigen, im Schatten.

ANONYMA

Dû bist mîn, ich bin dîn.
des solt dû gewis sîn.
   dû bist beslozzen
   in mînem herzen,
verlorn ist daz sluzzelîn:
dû muost ouch immêr darinne sîn.

Du bist mein, ich bin dein, / dessen sollst du sicher sein. / Du bist verschlossen / in meinem Herzen, / verloren ist der Schlüssel fein – / du mußt für immer drinnen sein. · Übers. von Margherita Kuhns

KAROLINE VON GÜNDERODE

Die eine Klage

Wer die tiefste aller Wunden
Hat in Geist und Sinn empfunden
Bittrer Trennung Schmerz;
Wer geliebt was er verloren,
Lassen muß was er erkoren,
Das geliebte Herz,

Der versteht in Lust die Tränen
Und der Liebe ewig Sehnen
Eins in Zwei zu sein,
Eins im Andern sich zu finden,
Daß der Zweiheit Grenzen schwinden
Und des Daseins Pein.

Wer so ganz in Herz und Sinnen
Konnt' ein Wesen liebgewinnen
O! den tröstet's nicht
Daß für Freuden, die verloren,
Neue werden neu geboren:
Jene sind's doch nicht.

Das geliebte, süße Leben,
Dieses Nehmen und dies Geben,
Wort und Sinn und Blick,
Dieses Suchen und dies Finden,
Dieses Denken und Empfinden
Gibt kein Gott zurück.

GERTRUD KOLMAR

Abschied

Nach Osten send ich mein Gesicht:
Ich will es von mir tun.
Es soll dort drüben sein im Licht,
Ein wenig auszuruhn
Von meinem Blick auf diese Welt,
Von meinem Blick auf mich,
Die plumpe Mauer Täglich Geld,
Das Treibrad Sputedich.

Sie trägt, die Welt in Rot und Grau
Durch Jammerschutt und Qualm
Die Auserwählten, Tropfentau
An einem Weizenhalm.
Ein glitzernd rascher Lebenslauf,
Ein Schütteln großer Hand:
Die einen fraß der Mittag auf,
Die andern schluckt der Sand.

Drum werd ich fröhlich sein und still,
Wenn ich meinen Soll getan;
In tausend kleinen Wassern will
Ich rinnen mit dem Schwan,
Der ohne Rede noch Getön
Und ohne Denken wohl
Ein Tier, das stumm, ein Tier, das schön,
Kein Geist und kein Symbol.

Und wenn ich dann nur leiser Schlag
An blasse Küsten bin,
So roll ich frühen Wintertag,
Den silbern kühlen Sarkophag
Des ewigen Todes hin,
Darin mein Antlitz dünn und leicht
Wie Spinneweben steht,
Ein wenig um die Winkel streicht,
Ein wenig flattert, lächelnd bleicht
Und ohne Qual verweht.

CHRISTIANA MARIANA VON ZIEGLER

Das männliche Geschlechte, im Namen einiger Frauenzimmer besungen

Du weltgepriesenes Geschlechte,
Du in dich selbst verliebte Schar,
Prahlst allzusehr mit deinem Rechte,
Das Adams erster Vorzug war.
Doch soll ich deinen Wert besingen,
Der dir auch wirklich zugehört;
So wird mein Lied ganz anders klingen,
Als das, womit man dich verehrt.

Ihr rühmt das günstige Geschicke,
Das euch zu ganzen Menschen macht;
Und wisst in einem Augenblicke
Worauf wir nimmermehr gedacht.
Allein; wenn wir euch recht betrachten,
So seid ihr schwächer als ein Weib.
Ihr müsst oft unsre Klugheit pachten,
Noch weiter als zum Zeitvertreib.

Kommt her, und tretet vor den Spiegel:
Und sprechet selbst, wie seht ihr aus?
Der Bär, der Löwe, Luchs, und Igel
Sieht bei euch überall heraus.
Vergebt, ich muss die Namen nennen,
Wodurch man eure Sitten zeigt.
Ihr mögt euch selber wohl nicht kennen,
Weil man von euren Fehlern schweigt.

Seht doch, wie ihr vor Eifer schäumet,
Wenn's nicht nach eurem Kopfe geht.
O Himmel, was ist da versäumet,
Wenn man nicht gleich zu Diensten steht!
Ihr flucht mit fürchterlicher Stimme,
Als kämt ihr aus des Pluto Kluft.
Und wer entgehet euren Grimme,
Wenn ihr das Haus zusammen ruft?

So bald der Eifer sich geleget,
Wird aus dem Bär ein stilles Schaf,
Das weiter keinen Streit erreget:
Es überlässt sich Ruh und Schlaf.
Habt ihr geirrt, heißt's kein Vergehen:
Die Weiber sind an allem Schuld.
Wer sie muss immer um sich sehen.
Dem reißet endlich die Geduld.

Zu dem, wenn euch der Wahn betöret,
Dass andern eure Frau gefällt;
Wie wird nicht eure Ruh gestöret,
Wenn sich's gleich nicht also verhält!
Ihr sucht euch schon an dem zu rächen,
Der sie nur in der Ferne kennt,
Und das ohn alles Widersprechen,
Wenn man nur seinen Namen nennt.

HILDE DOMIN

Nur eine Rose als Stütze

Ich richte mir ein Zimmer ein in der Luft
unter den Akrobaten und Vögeln:
mein Bett auf dem Trapez des Gefühls
wie ein Nest im Wind
auf der äußersten Spitze des Zweigs.

Ich kaufe mir eine Decke aus der zartesten Wolle
der sanftgescheitelten Schafe die
im Mondlicht
wie schimmernde Wolken
über die feste Erde ziehn.

Ich schließe die Augen und hülle mich ein
in das Vlies der verläßlichen Tiere.
Ich will den Sand unter den kleinen Hufen spüren
und das Klicken des Riegels hören,
der die Stalltür am Abend schließt.

Aber ich liege in Vogelfedern, hoch ins Leere gewiegt.
Mir schwindelt. Ich schlafe nicht ein.
Meine Hand
greift nach einem Halt und findet
nur eine Rose als Stütze.

MARIANNE VON WILLEMER

Ach um deine feuchten Schwingen
West wie sehr ich dich beneide,
Denn du kannst ihm Kunde bringen,
Was ich durch die Trennung leide.

Die Bewegung deiner Flügel
Weckt im Busen stilles Sehnen,
Blumen, Augen, Wald und Hügel
Stehn bei deinem Hauch in Thränen.

Doch dein mildes sanftes Wehen
Kühlt die wunden Augenlider;
Ach, für Leid müßt ich vergehen,
Hofft ich nicht, wir sehn uns wieder.

Geh denn hin zu meinem Lieben,
Spreche sanft zu seinem Herzen,
Doch vermeid ihn zu betrüben
Und verschweig ihm meine Schmerzen.

Sag ihm nur, doch sags bescheiden,
Seine Liebe sei mein Leben,
Freudiges Gefühl von beiden
Wird mir seine Nähe geben.

SOPHIE TIECK

Bilder der Kindheit

Der Winter hielt die Erde noch gefangen,
Und traurig standen alle Bäum und Auen.
Da blickt ich auf mit sehnendem Verlangen:
O lass mich bald die holden Blumen schauen!
Indem ich bat, hört ich wie Vögel sangen,
Sah warme Sonnenstrahlen niedertauen;
Und wie der goldne Schein hernieder eilet,
Kein Blümchen mehr in kalter Erde weilet.

Ich saß im Schatten einer alten Linde,
Und vor mir sah ich bunte Tulpen blühn,
Die Zweige über mir bewegt vom Winde,
Der breiten sanften Blätter helles Grün.
Mir war, als ob sie sich bestrebten linde,
Erinnrung ferner Zeit herbeizuziehn.
Es pocht mein Herz von ängstlichem Erwarten,
Und ich erkenne plötzlich nun den Garten.

Dies ist der Ort, wo ich als Kind gespielet,
Die roten Rosen von dem Strauch gepflückt;
Mich hat der Linde Schatten oft gekühlet;
Die glühnden Wangen in dies Gras gedrückt,
Ein süßer Schlummer oft um mich gespielet:
In frühe Kindheit werd ich hier entrückt.
In Sehnsucht ist mein ganzes Herz entglommen,
Mein Leben, all mein Tun hinweggeschwommen.

Wer naht sich aus der Büsche Finsternissen,
Und bleibt bedächtig beiden Rosen stehn?
Will alle Freude mich auf einmal grüßen?
Der Kindheit Wärterin soll ich hier sehn?
Ach, ich will schnell die treuen Lippen küssen
O dass sie eilte, zu mir herzugehn!
Sie sieht mich nicht, und wählet mit Bedacht
Zu einem Strauß der Rosen schönste Pracht.

Ich blick auf sie, wie sie ihr Tun betrachtet,
Noch einer nun an ihrer Seite steht.
Wie er gekommen, hab ich nicht beachtet,
Im Freudetaumel fast mein Herz vergeht,
Da er, den mir seit lange Tod umnachtet,
Mein Jugendfreund vor meinen Augen steht,
Ich eile hin: mich fest zu überzeugen
Will ich die Arm, ihn zu umfangen, beugen.

»Wie hab ich so in finsterm Wahn geschwebet!
Dich, Teurer, hielt ich lange für gestorben.
Wer hat mit Zauber meinen Sinn umwebet?
Mit Trauer mir der Jugend Lust verdorben?
Und keiner sprach in meinem Gram: er lebet;
Ich hätte Mut durch dieses Wort erworben.
So lange ward mein Glück mir vorenthalten,
Hier find ich dich mit dieser treuen Alten.«

Er sieht mich an, doch er bewegt sich nicht,
Die dargebotne Hand will er nicht fassen,
Ich bin, spricht er, ein warnend Traumgesicht,
Du musst, wie ich, die Erde bald verlassen,
Ein ewger Schlaf wird dich umhüllen dicht,
Du wirst den Tod, der liebend naht, nicht hassen.
Die Liebe, die ich zu dir trug im Leben,
Zwingt mich, der Liebe Blüten dir zu geben.

Er nahm die Blumen aus der Treuen Händen,
Und reicht den Strauß, mich kalt betrachtend, hin;
Ich muss die tränenvollen Augen wenden,
Mir ist sein Anblick nun nicht mehr Gewinn,
»Ist dies ein Träumen, o so mag es enden!«
So bat ich, »es verwirrt mir meinen Sinn.«
Ich sah die Blumen, musste traurend schweigen,
Wie schon verblüht das zarte Haupt sie neigen.

Muss selbst der Liebe holde Blume schwinden,
Wenn meine Hand sie zu berühren wagt:
Wo soll ich Trost für diese Leiden finden?
Wer blickt auf mich, die hier vergessen klagt?
So rief ich laut und riss des Schlummers Binden,
Jedoch kein Licht den offnen Augen tagt.
Nun gibt mein Herz nur trüben Bildern Raum,
Und es erscheint prophetisch mir der Traum.

INGEBORG BACHMANN

An die Sonne

Schöner als der beachtliche Mond und sein geadeltes Licht,
Schöner als die Sterne, die berühmten Orden der Nacht,
Viel schöner als der feurige Auftritt eines Kometen
Und zu weit Schönrem berufen als jedes andre Gestirn,
Weil dein und mein Leben jeden Tag an ihr hängt, ist die
Sonne.

Schöne Sonne, die aufgeht, ihr Werk nicht vergessen hat
Und beendet, am schönsten im Sommer, wenn ein Tag
An den Küsten verdampft und ohne Kraft gespiegelt die Segel
Über dein Aug ziehn, bis du müde wirst und das
letzte verkürzt.

Ohne die Sonne nimmt auch die Kunst wieder den Schleier,
Du erscheinst mir nicht mehr, und die See und der Sand,
Von Schatten gepeitscht, fliehen unter mein Lid.

Schönes Licht, das uns warm hält, bewahrt und wunderbar
sorgt,
Daß ich wieder sehe und daß ich dich wiederseh!

Nichts Schönres unter der Sonne als unter der Sonne zu sein …
Nichts Schönres als den Stab im Wasser zu sehn und den
    Vogel oben,
Der seinen Flug überlegt, und unten die Fische im Schwarm,

Gefärbt, geformt, in die Welt gekommen mit einer Sendung
    von Licht,
Und den Umkreis zu sehn, das Geviert eines Felds, das
    Tausendeck meines Lands
Und das Kleid, das du angetan hast. Und dein Kleid, glockig
    und blau!

Schönes Blau, in dem die Pfauen spazieren und sich verneigen,
Blau der Fernen, der Zonen des Glücks mit den Wettern für
    mein Gefühl,
Blauer Zufall am Horizont! Und meine begeisterten Augen
Weiten sich wieder und blinken und brennen sich wund.

Schöne Sonne, der vom Staub noch die größte Bewundrung
gebührt,
Drum werde ich nicht wegen dem Mond und den Sternen
und nicht,
Weil die Nacht mit Kometen prahlt und in mir einen Narren
sucht,
Sondern deinetwegen und bald endlos und wie um nichts sonst
Klage führen über den unabwendbaren Verlust meiner Augen.

LUISE HENSEL

Nachtgebet

Müde bin ich, geh zur Ruh,
Schließe beide Äuglein zu:
Vater, lass die Augen dein
Über meinem Bette sein!

Hab ich Unrecht heut getan,
Sieh es, lieber Gott, nicht an!
Deine Gnad und Jesu Blut
Macht ja allen Schaden gut.

Alle, die mir sind verwandt,
Gott, lass ruhn in deiner Hand.
Alle Menschen, groß und klein,
Sollen dir befohlen sein.

Kranken Herzen sende Ruh,
Nasse Augen schließe zu;
Lass den Mond am Himmel stehn,
Und die stille Welt besehn!

CLAIRE WALDOFF

Wer schmeißt denn da mit Lehm?

Die Menschen heutzutage sind alle so nervös.
Über jede kleine Kleinigkeit da werden sie giftig bös.
Schimpft einer auf den andern,
Dann sing ich voll Humor,
Damit er nicht mehr schimpfen soll,
Mein kleines Liedchen vor.
Wer schmeißt denn da mit Lehm,
Der sollte sich was schäm!
Der sollte auch was anderes nehm
Als ausgerechnet Lehm.

'ne junge Frau die stößt sich an einem spitzen Stein,
Der Bräutigam sagt liebevoll: »Mein armes Engelein!«
Sind die zehn Jahr verheiratet,
Dann sagt er prompt zu ihr:
»Na, heb doch deine Beene off,
Du olles Trampeltier.«
Wer schmeißt denn da mit Lehm,
Der sollte sich was schäm!
Der sollte auch was anderes nehm
Als ausgerechnet Lehm.

Beim Nachbar, dem Herrn Meyer, ist immer etwas los.
Die sind sehr sportbegeistert, auch die Frau boxt tadellos.
Kriegt sie ihn mal beim Wickel,
Dann zählt sie'n aus komplett,
Dann setzt sie ihn aufs Töppken druff
Und schiebt ihn unters Bett.

Wer schmeißt denn da mit Lehm,
Der sollte sich was schäm!
Der sollte auch was anderes nehm
Als ausgerechnet Lehm.

Jüngst traf ich auf der Straße den alten Maler Kraus,
Dem guckte aus dem Hosenbein der Sockenhalter raus.
Da schreit so'n kleiner Bengel
Zu dem Alten hin sehr klug:
»Sie, passen Sie auf Ihr'n Bandwurm auf,
Der macht 'nen Fluchtversuch!«

Wer schmeißt denn da mit Lehm,
Der sollte sich was schäm!
Der sollte auch was anderes nehm
Als ausgerechnet Lehm.

Die Berliner sind sehr höflich. Ein Herr trat neulich mal
Einer Dame auf die Schleppe. Im Foyer war'n Mordsskandal:
»Können Sie nicht sehn, Sie Ochse!«
»Ja«, sagt der Herr, »ich kann's,
Aber warum haben Sie olle Kuh
So einen langen Schwanz?«

Wer schmeißt denn da mit Lehm,
Der sollte sich was schäm!
Der sollte auch was anderes nehm
Als ausgerechnet Lehm.

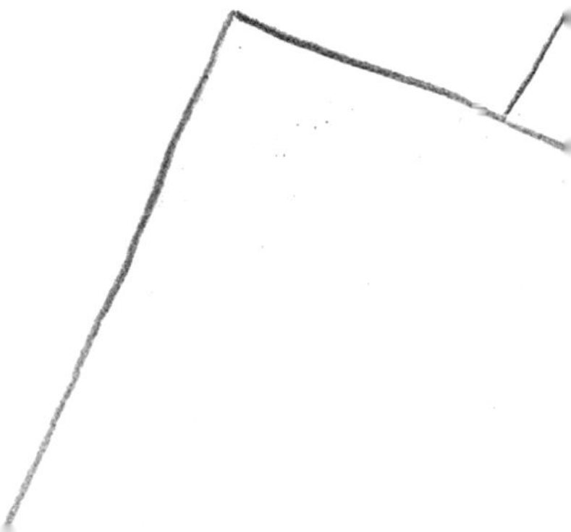

Ein Danck-Lied der Mutter nach glücklicher Entbindung

Im Thon:
Nun freut euch lieben Christen etc.

1.
NUn seht / was GOTT im Himmel kan /
Die Worte mir gebrechen;
Das Werck / so GOtt an mir gethan /
Genugsam auszusprechen.
Mein gantzes Ich das zeigt es an,
Was GOTT sey für ein Wunder Mann:
Das Werck das lobt den Meister.

2.
Kaum meinte ich / es gieng zum Tod /
Es wär mit mir zum Ende:
Da brachte Glück der Wunder-Gott /
Da halffen seine Hände /
Da riß Er aus der Kindes-Noth /
Da schenckte Leben für den Tod
Der Meister mir zu helffen.

3.
Gesund und frisch zur Welt Er bracht /
Die Arbeit seiner Hände:
Zur frölgen Mutter Er mich macht /
Daß / wo ich mich hin wende;
(Ich seh das Kind / ich seh mich an;)
Ich sage / das hat GOTT gethan /
Daß Kind und Mutter lebet.

4.
Hier lieg ich Mutter mit dem Kind /
Weiß von den Wunder Dingen /
Die allenthalben ich empfind /
Zu sagen und zu singen.
Ich kann hir itzt auf frischer That /
Wohl sagen / daß GOtt gnädig hat
Nach Wunsche mich erhöret.

5.
Es ist am besten GOTT bekant /
Wie ich vor Ihm getreten /
Und das / was Er mir zugesandt /
Von Ihm durch Ihn erbeten.
O wenn ich für die GOttes-Gab /
Die ich allhier in Armen hab /
Könt meinem GOtt gnug dancken!

6.

Nim[m] GOTT zu deinem Lobe hin /
Die Mutter mit dem Kinde:
Leib / Gut und Blut / Hertz / Seel und Sinn
Zu deinem Lob verbinde /
Darmit von uns ja iederman
Erfahre / was dein Arm gethan
An mir für grosse Wunder.

7.

Anitzt lobt dich mein schwacher Mund /
Es lobt dich mein Gemüthe /
Es lobet dich mein Hertzens-Grund /
Voll Lob quillt mein Geblüte /
Es lobet dich mein gantzes Ich /
Und schliest mit Loben sich in dich /
Sagt: Lob sey GOtt im Him[m]el.

ELISE BÜRGER

Mädchen-Tändelei

Weil ich noch Mädchen bin,
Hüpf ich die Wiese hin,
Weiß nichts von Schmerzen,
Tändle in Scherzen,
Lache und kose wie mir es gefällt!
Blüten und Rosen die schmücken die Welt.

Weil ich noch Mädchen bin,
Denk ich in meinem Sinn!
Will ich's genießen,
's könnt mich verdrießen,
Wär ich nicht fröhlich gewesen zur Zeit;
Freude und Jugend! euch bin ich geweiht!

Weil ich noch Mädchen bin,
Laufen die Buben hin
Wo sie mich wissen,
Malen mit süßen
Worten mir Liebe und Heiraten vor,
Doch für die Worte, da hab ich kein Ohr!

Wenn ich erst Ehfrau bin,
Denk ich in meinem Sinn,
Sind bald verschwunden,
Die fröhlichen Stunden,
Sterben die Rosen, die Freuden verglühn,
Sind mit der Freiheit des Mädchens dahin.

MAGDALENE PHILIPPINE ENGELHARD

Mädchenklage

Oft hab ich mit Tränen,
Und innigem Sehnen,
  Verwünschet mein Geschlecht!
Es fesselt fast immer
Mich Arme ins Zimmer –
  Wie frei gehn die Männer! selbst Knabe und Knecht.

Wie um sich zu schauen,
Ist Mädchen und Frauen
  Vom Schicksal vergällt.
Als Diener, als Lehrer,
Als Held, als Bekehrer,
  Als Kaufmann, durchreisen die Männer die Welt.

Dann forschen sie Länder,
Durchschauen behender
  Das menschliche Herz.
Sehn Kronenbeehrte,
Und große Gelehrte;
  Und glückliche Völker, auch Völker voll Schmerz.

Sehn glänzende Heere –
Und brausende Meere,
   Mit Schiffen bepflanzt.
Sehn fruchtbare Felder,
Und schauernde Wälder;
   Und Klippen von silbernen Quellen umtanzt.

Sie klettern auf Höhen,
In Wolken zu stehen,
   Auf ewigem Eis.
Sie fahren in Schachten
Das Erz zu betrachten;
   Zu sehen des Bergknappen fröhlichen Fleiß.

Und vielerlei Sitten,
Paläste und Hütten,
   Erblicken sie dann; –
Ich traure fast immer
Im einsamen Zimmer:
   O wär ich ein freier und fröhlicher Mann!

Wenn strahlende Seen
In Heiden nur stehen:
   Was spiegeln sie wohl?
O könnt es mir glücken,
Die Welt zu erblicken,
   So säng ich oft hoher Begeisterung voll!

Zwar könnt ich entfliehen,
Und Länder durchziehen,
  Im männlichen Kleid;
Doch Weisheit und Feuer
Erkauft ich zu teuer,
  Denn weh mir! – Die Sittsamkeit hätt ich entweiht!

Wie stürmen die Wellen,
So türmen, so schwellen
  Oft Leiden mein Herz.
Verlösche, mein Leben!
Dann dort werd ich schweben
  Auf Flügeln des Windes – und Traum wird mein Schmerz!

MARIE LUISE KASCHNITZ

Hiroshima

Der den Tod auf Hiroshima warf
Ging ins Kloster, läutet dort die Glocken.
Der den Tod auf Hiroshima warf.
Sprang vom Stuhl in die Schlinge, erwürgte sich.
Der den Tod auf Hiroshima warf
Fiel in Wahnsinn, wehrt Gespenster ab
Hunderttausend, die ihn angehen nächtlich
Auferstandene aus Staub für ihn.

Nichts von alledem ist wahr.
Erst vor kurzem sah ich ihn
Im Garten seines Hauses vor der Stadt.
Die Hecken waren noch jung und die Rosenbüsche zierlich.
Das wächst nicht so schnell, daß sich einer verbergen könnte
Im Wald des Vergessens. Gut zu sehen war
Das nackte Vorstadthaus, die junge Frau
Die neben ihm stand im Blumenkleid
Das kleine Mädchen an ihrer Hand
Der Knabe der auf seinem Rücken saß
Und über seinem Kopf die Peitsche schwang.
Sehr gut erkennbar war er selbst
Vierbeinig auf dem Grasplatz, das Gesicht
Verzerrt von Lachen, weil der Photograph
Hinter der Hecke stand, das Auge der Welt.

CHRISTINE LAVANT

Wie gut

Wie gut, daß ich verborgen bin
und niemals wieder sichtbar werde.
Mein Kern – im Widerspruch zur Erde –
begab sich selbst zum Monde hin,
jetzt kannst du ruhig schlafen.
Der Ort, wo wir uns trafen,
war niemals wirklich in der Zeit.
Verzeih mir dies – aus Einsamkeit
herausgeschälte – Wissen.
Vielleicht fühlt sich dein Kissen
trotzdem auch manchmal tauig an,
vielleicht verkündet dir der Hahn
vom Hühnerbaum her oft zu grell,
daß jetzt der Morgen wieder hell
gläsern über deinem Dach
heraufsteigt, während du ganz schwach
und übernächtig bist?
Ich bin es nicht, die dich dann quält,
ich bin die Magd, die Äpfel schält
im Mond und keinen ißt.

SIBYLLA SCHWARZ
Liebe schont der Götter nicht

Liebe schont der Götter nicht /
sie kan alles überwinden /
sie kan alle Herzen binden /
durch der Augen klahres Licht.
Selbst des Phebus Hertze bricht /
seine Klahrheit muß verschwinden /
er kan keine Ruhe finden /
weil der Pfeil noch in ihm sticht.
Jupiter ist selbst gebunden /
Hercules ist überwunden
durch die bittersüsse Pein;
wie dan können doch die Herzen
bloßer Menschen dieser Schmerzen
gantz und gahr entübrigt seyn?

JUSTINE WILHELMINE KRUFFT

Mädchenklage und Mädchentrost

Der freie Mann schaut die Natur
In jeglicher Gestalt;
Er kennt die Blume jeder Flur,
Und Meer und Berg und Wald;
Er kann nach jedem Weltteil ziehn:
Weh mir, dass ich ein Mädchen bin!

Doch zaubert meine Phantasie
Mir nicht das schönste Bild,
Im Frühlingsglanze, spät und früh,
Und, wechselnd, stark und mild,
Wo immer neue Blumen blühn?
Wohl mir, dass ich ein Mädchen bin!

Der Mann, empor mit Feuerkraft
Dringt er, an schroffen Höhn,
Zum Pantheon der Wissenschaft;
Sie strahlt ihm göttlich schön,
Und schmückt mit Lorbeerkränzen ihn:
Weh mir, dass ich ein Mädchen bin!

Doch, trotz Minervens Ehrenreis,
Kränz mich Zufriedenheit
Mit Immergrün, im Freundeskreis,
Bei stiller Wirksamkeit;
Da herrscht die Freud als Königin:
Wohl mir, dass ich ein Mädchen bin!

Der Mann, das Schwert in tapfrer Hand,
Wird seiner Heimat Wehr;
Ihm lohnt des Fürsten Stern und Band;
Des Bürgers Dank noch mehr;
Der Enkel nennt mit Ehrfurcht ihn:
Weh mir, dass ich ein Mädchen bin!

Doch meiner Trauten Herz ist mein,
Und das bleibt mir die Welt,
Bis einst auf meinen Leichenstein
Der Edlen Träne fällt.
Lass Siegern Dankaltäre glühn:
Wohl mir, dass ich ein Mädchen bin!

Der Mann allein ist Herr im Haus,
Und waltet unumschränkt,
Stürmt vor der Frau die Launen aus,
Und alles, was ihn kränkt;
Dem Rauen kann sie nicht entfliehn:
Weh mir, dass ich ein Mädchen bin!

Doch gab nicht weise Vaterhuld
Uns zur Begleiterin
Die himmlischlächelnde Geduld,
Mit weichem Engelssinn?
Sie bleibt mein Kleinod und Gewinn:
Wohl mir, dass ich ein Mädchen bin!

FRIEDERIKE MAYRÖCKER

An eine Mohnblume mitten in der Stadt

aus meinen Köpfen sprießt
das Feuerwerk der Tränen, der
Flieder rostet, der Liguster
weht, die Camouflage des
Sommers läßt Gewitter ahnen –
Wolfsmilch besamt die Flur, die
Stare fallen, Mücken
flirren im Dorngebüsch, das
abgewelkte Blühen einer
Wolke von erbsengrüner Kirschenfrucht
gekrönt –
samt aufgeprägten kaiserlichen
Doppeladlern – Portraits auf roten Ziegeln – bröckelt
die Friedhofsmauer ab
gestützt nur noch von immergrünen
Efeuranken –
im Aufwind flügelschlagend
steht
raubvogelgleich mein Herz nach Beute äugend

EMMY HENNINGS

Im Krankenhause

Alle Herbste gehn an mir vorüber
Krank lieg ich im weißen Zimmer
Tanzen möchte ich wohl lieber
An die Geigen denk ich immer
Und es flimmern tausend Lichter.
O wie bin ich heute schön!
Bunt geschminkte Angesichter
Schnell im Tanz vorüberwehn.
O die vielen, welken Rosen,
Die ich nachts nach Haus getragen,
Die zerdrückt vom vielen Kosen
Morgens auf dem Tische lagen.
An die Mädchen denk ich wieder
Die, wie ich die Liebe machen.
Wenn wir sangen Heimatlieder,
Unter Weinen, unter Lachen
Und jetzt lieg ich ganz verlassen
In dem stillen, weißen Raum.
O ihr Schwestern von den Gassen
Kommt zu mir des Nachts im Traum!

DOROTHEA CHARLOTTE SPANGENBERG

Das Grab

Ruhig ist des Todes Schlummer
  Und der Schoß der Erde kühl,
Da stört unsre Ruh kein Kummer
  Nicht der Leidenschaften Spiel;
Unsre Sorgen groß und klein
  Schlummern alle mit uns ein.

Über unserm Hügel schwinget
  Die Vergessenheit den Stab,
Und der Schmähsucht Stimme dringet
  Nicht ins stille dunkle Grab;
Fehler die uns hier besiegt,
  Werden dann nicht mehr gerügt.

Unsre Seufzer unsre Tränen,
  Werden ewig dann gestillt,
Unsre Wünsche, unser Sehnen,
  Alles, alles wird erfüllt.
Herzen die sonst heiß gewallt
  Liegen fühllos dann und kalt.

Läg auch meines von den Sorgen
    Dieses Lebens unempört,
In der Erde Schoß verborgen
    Wo nichts seinen Frieden stört! –
Kühles Grab, o wenn nimmst du
    Mich in deine stille Ruh?

INGE MÜLLER

Frau am Pranger

Weil ich euch freund sein wollte
Einfach so
Stellt ihr mich an den Pranger
Mitte des Dorfs: Teich und der Anger
Ich wollte wir wärn nicht so.
Den Teich trink ich aus
Verstreu die Entengrütze
Laß die Enten fliegen.
Hinterm Anger-Ginster
Wo die Pärchen liegen
Grab ich die Liebe aus.

LOU ANDREAS-SALOMÉ

Lebensgebet

Gewiß, so liebt ein Freund den Freund,
Wie ich dich liebe, rätselvolles Leben,
Ob ich in dir gejauchzt, geweint,
Ob du mir Leid, ob du mir Lust gegeben!
Ich liebe dich mit deinem Glück und Harme;
Und wenn du mich vernichten mußt,
Entreiße ich mich schmerzvoll deinem Arme
Gleich wie Freund von Freundesbrust.

Mit ganzer Kraft umfaß' ich dich!
Laß deine Flammen meinen Geist entzünden
Und in der Glut des Kampfes mich
Die Rätsellösung deines Wesens finden;
Jahrtausende zu leben um zu denken
Schließ mich in deine Arme ein, –
Hast du kein Glück mehr übrig mir zu schenken,
– Wohlan, – noch hast du deine Pein.

UNICA ZÜRN

Ich weiss nicht, wie man die Liebe macht

Wie ich weiss, »macht« man die Liebe nicht.
Sie weint bei einem Wachslicht im Dach.
Ach, sie wächst im Lichten, im Winde bei
Nacht. Sie wacht im weichen Bilde, im Eis
des Niemals, im Bitten: wache, wie ich. Ich
weiss, wie ich macht man die Liebe nicht.

ADA CHRISTEN

»Dein Vers hat nicht das rechte Maß,«
So will man mich verweisen,
»An Fluss und Glätte fehlt es ihm« –
Und wie sie's sonst noch heißen.

Sie zählen an den Fingern ab,
Verbessern wohl zehnmal wieder;
Ich leg die Hand auf mein blutendes Herz:
Was *das* sagt, schreib ich nieder.

RICARDA HUCH

Nicht alle Schmerzen

Nicht alle Schmerzen sind heilbar, denn manche schleichen
Sich tiefer und tiefer ins Herz hinein,
Und während Tage und Jahre verstreichen,
Werden sie Stein.

Du sprichst und lachst, wie wenn nichts wäre,
Sie scheinen zerronnen wie Schaum.
Doch du spürst ihre lastende Schwere
Bis in den Traum.

Der Frühling kommt wieder mit Wärme und Helle,
Die Welt wird ein Blütenmeer.
Aber in meinem Herzen ist eine Stelle,
Da blüht nichts mehr.

ELSE LASKER-SCHÜLER

Ein Liebeslied

Komm zu mir in der Nacht – wir schlafen engverschlungen.
Müde bin ich sehr, vom Wachen einsam.
Ein fremder Vogel hat in dunkler Frühe schon gesungen,
Als noch mein Traum mit sich und mir gerungen.

Es öffnen Blumen sich vor allen Quellen
Und färben sich mit deiner Augen Immortellen …

Komm zu mir in der Nacht auf Siebensternenschuhen
Und Liebe eingehüllt spät in mein Zelt.
Es steigen Monde aus verstaubten Himmelstruhen.

Wir wollen wie zwei seltene Tiere liebesruhen
Im hohen Rohre hinter dieser Welt.

ELFRIEDE GERSTL

Wer ist denn schon

wer ist denn schon bei sich
wer ist denn schon zu hause
wer ist denn schon zu hause bei sich
wer ist denn schon zu hause
wenn er bei sich ist
wer ist denn schon bei sich
wenn er zu hause ist
wer ist denn schon bei sich
wenn er zu haus bei sich ist
wer denn

MECHTHILD VON MAGDEBURG

Die Wüste hat zwölf Ding

Du sollst minnen das Nicht,
Du sollst fliehen das Icht.
Du sollst alleine stahn
Und sollst zu niemand gahn.
Du sollst sehre unmüßig sein
Und von allen Dingen frei sein.
Du sollst die Gefangenen entbinden
Und die Freien zwingen.
Du sollst die Siechen laben
Und sollst doch selbst nichts haben.
Du sollst das Wasser der Pein trinken
Und das Feuer der Minne mit dem Holz der
  Tugend entzünden:
So wohnest du in der wahren Wüste.

FRIEDERIKE BRUN

Ich denke dein

Ich denke dein, wenn sich im Blütenregen
  Der Frühling malt
Und wenn des Sommers mildgereifter Segen
  In Ähren strahlt.

Ich denke dein, wenn sich das Weltmeer tönend
  Gen Himmel hebt
Und vor der Wogen Wut das Ufer stöhnend
  Zurücke bebt.

Ich denke dein, wenn sich der Abend rötend
  Im Hain verliert
Und Philomelens Klage leise flötend
  Die Seele rührt.

Beim trüben Lampenschein in bittren Leiden
  Gedacht ich dein;
Die bange Seele flehte nah am Scheiden:
  Gedenke mein!

Ich denke dein, bis wehende Zypressen
  Mein Grab umziehn;
Und auch in Tempes Hain soll unvergessen
  Dein Name blühn.

ROSE AUSLÄNDER

Paul Celans Grab

Keine Blumen gepflanzt
das sei überflüssig

Nichts Überflüssiges
nur
wilder Klatsch-Mohn
schwarzzüngig
ruft uns ins Gedächtnis
wer unter ihm
blühte.

MARIA JANITSCHEK

Ein modernes Weib

Ein Mann beleidigte ein Weib. Es war
Von jenen schnöden Taten eine, die
Kein Weib vergessen und vergeben kann.

Geraume Zeit verstrich. Da eines Abends
Ward an die Tür des Frevlers laut gepocht.
Er rief: »Herein«, und sah voll tiefen Staunens,
In Trauerkleidern eine Frau vor sich.

Sie schlug den Schleier bald zurück. Er blickte
In ihre großen stolzerstarrten Augen,
In diese großen schmerzversengten Augen …
Er lächelte verlegen, denn ein Schauer
Erfasste ihn … Er bot ihr höflich Platz,
Sie aber dankte, und mit ruhiger Stimme
Sprach sie zu ihm: »Du hast mich schwer beleidigt,
Es war nur Gott dabei … vor diesem Gott,
Vor dir, und mir allein, will ich den Flecken
Den Makel meiner Ehre, zugefügt
Von deiner Hand, verlöschen.
Höre nun!
Um dies zu tun, bleibt mir *ein* Mittel nur:
Ich kann nicht gehn, um einem fremden Menschen

Das was ich selbst *mir* kaum zu sagen wage,
Zu offenbaren. Für mich herrscht kein Richter,
Er wär denn blind und taub und stumm, deshalb
(Ein Schildern des Vergangenen glich aufs Haar
Der neuen Tat, hieß' selber mich entehren),
Deshalb gibt's *eins* nur: hier sind Waffen, wähle!«
Sie stellte auf den Tisch ein Kästchen hin
Und öffnete den Deckel. – – –
Lange standen
Die beiden Menschen stumm. Er sah sie an,
Sie hielt das glänzend große Aug gerichtet
Fest auf die Waffen.
Plötzlich brach er aus
In lautes Lachen. Da durchglühte feurig
Ein tiefes Rot die farbenlosen Wangen
Der jungen Frau. Wie, wenn die ganze Antwort
Dies Lachen wär? Sie hätte schreien mögen
Vor Wut und Elend. Aber sie bezwang sich,
Und sagte mild: »Wenn dir ein Unvorsichtiger
Zufällig auf den Fuß getreten wäre,
Du würdest ohne lange Überlegung
Ihm deine Karte in das Antlitz schleudern,
Nichts Lächerliches fändest du dabei.
Nun denk: nicht auf den *Fuß* trat mir ein Mensch,
Mein *Herz* trat er in Stücke, meine Ehre!
Verlang ich mehr, als du verlangen würdest
Für einen unvorsichtigen Schritt, sag selbst,

Ist das nicht billig?
Lächelnd sah er ihr
Ins zornerglühte Antlitz. »Liebes Kind,
Du scheinst es zu vergessen, dass ein Weib
Sich nimmer schlagen kann mit einem Manne.
Entweder geh zum Richter, liebes Kind,
Gesteh ihm alles, gerne unterwerfe
Ich seinem Urteil mich. Nicht? Nun dann bleibt
Dir nur das eine noch: vergesse, was du
Beleidigung und Schmach nennst. Siehst du, Liebe,
Das Weib ist da zum Dulden und Vergeben …«
Jetzt lachte *sie.*
»Entweder Selbstentehrung
Wenn nicht, ein ruhiges Tragen seiner Schmach,
Und *das, das* ist die Antwort, die ein Mann
In unserer hellen Zeit zu geben wagt
Der Frau, die er beleidigt.«
»Eine andere
Wär gegen den Brauch.«
»So wisse, dass das Weib
Gewachsen ist im *neunzehnten Jahrhundert*«,
Sprach sie mit großem Aug, und schoss ihn nieder.

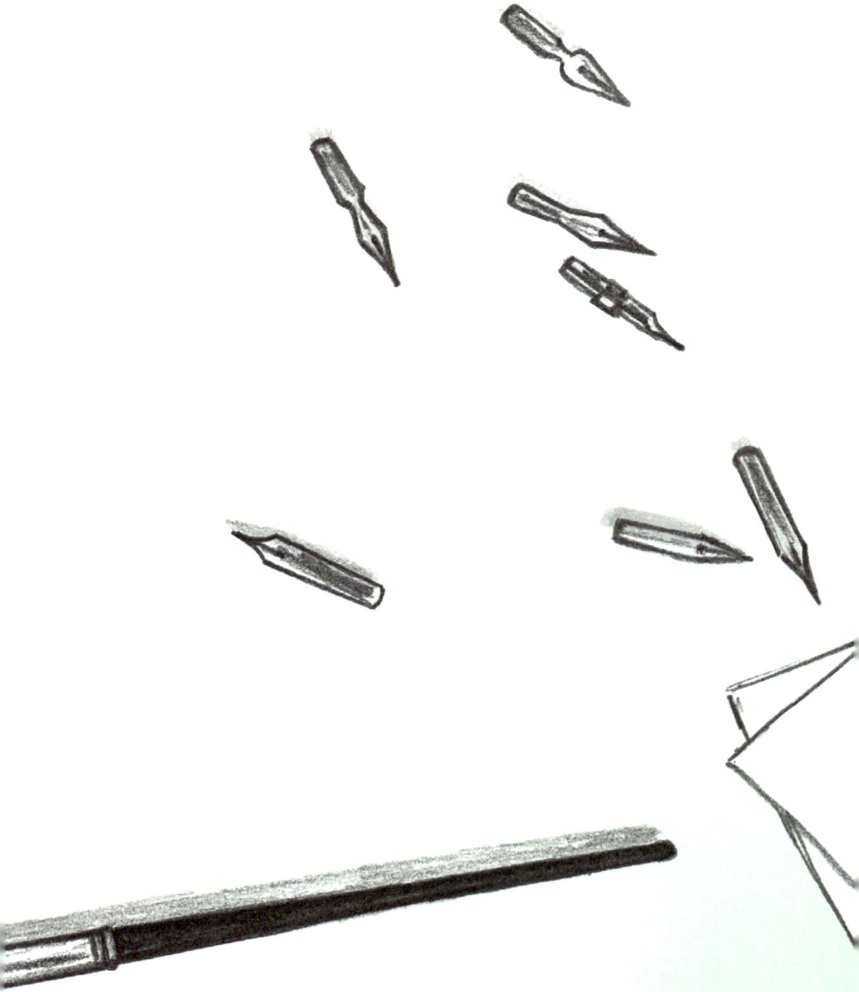

CHRISTA REINIG
Die Ballade vom blutigen Bomme

hochverehrtes publikum
werft uns nicht die bude um
wenn wir albernes berichten
denn die albernsten geschichten
macht der liebe gott persönlich
ich verbleibe ganz gewöhnlich
wenn ich auf den tod von Bomme
meinen freund zu sprechen komme

möge Ihnen nie geschehn
was Sie hier in bildern sehn

zur beweisaufnahme hatte
man die blutige krawatte
keine spur mehr von der beute
auf dem flur sogar die leute
horchen was nach draußen dringt
denn der angeklagte bringt
das gericht zum männchenmachen
und das publikum zum lachen

seht die herren vom gericht
schätzt man offensichtlich nicht

eisentür und eisenbett
dicht daneben das klosett
auch der wärter freut sich sehr
kennt den Mann von früher her
Bomme fühlt sich gleich zuhaus
ruht von seiner arbeit aus
auch ein reicher mann hat ruh
hält sein sarg von innen zu

jetzt geht Bomme dieser mann
und sein reichtum nichts mehr an

sagt der wärter: grüß dich mann
laß dirs gut gehn – denk daran
wärter sieht auch mal vorbei
mach mir keine schererei
essen kriegst du nicht zu knapp
Bomme denn dein kopf muß ab
Bomme ist schon sehr gespannt
und malt männchen an die wand

nein hier hilft kein daumenfalten
Bomme muss den kopf hinhalten

Bomme ist noch nicht bereit
für abendmahl und ewigkeit
kommt der pastor und erzählt
wie sich ein verdammter quält
wie er große tränen weint
und sich wälzet – Bomme meint
das ist alles interessant
und mir irgendwie bekannt

denn was weiß ein frommer christ
wie dem mann zumute ist

auf dem hof wird holz gehauen
Bomme hilft das fallbeil bauen
und er läßt sich dabei zeit
schließlich ist es doch soweit
daß es hoch und heilig ragt
Bomme sieht es an und sagt:
das ist schärfer als faschismus
und probiert den mechanismus

wenn die schwere klinge fällt
spürt er daß sie recht behält

aufstehn kurz vor morgengrauen
das schlägt Bomme ins verdauen
und da friert er – reibt die hände
konzentriert sich auf das ende
möchte gar nicht so sehr beten
lieber schnell aufs klo austreten
doch dann denkt er: einerlei
das geht sowieso vorbei

von zwei peinlichen verfahren
kann er eins am andern sparen

wäre mutter noch am leben
würde es auch tränen geben
aber so bleibt alles sachlich
Bomme wird ganz amtlich-fachlich
ausgestrichen aus der liste
und gelegt in eine kiste
nur ein sträfling seufzt dazwischen
denn er muß das blut aufwischen

bitte herrschaften verzeiht
solche unanständigkeit

doch wer meint das stück war gut
legt ein groschen in den hut

NELLY SACHS

Ihr Zuschauenden

Unter deren Blicken getötet wurde.
Wie man auch einen Blick im Rücken fühlt,
So fühlt ihr an euerm Leibe
Die Blicke der Toten.

Wieviel brechende Augen werden euch ansehn
Wenn ihr aus den Verstecken ein Veilchen pflückt?
Wieviel flehend erhobene Hände
In dem märtyrerhaft geschlungenen Gezweige
Der alten Eichen?

Wieviel Erinnerung wächst im Blute
Der Abendsonne?

O die ungesungenen Wiegenlieder
In der Turteltaube Nachtruf –
Manch einer hätte Sterne herunterholen können,
Nun muß es der alte Brunnen für ihn tun!

Ihr Zuschauenden,
Die ihr keine Mörderhand erhobt,
Aber die ihr den Staub nicht von eurer Sehnsucht
Schütteltet,
Die ihr stehenbliebt, dort, wo er zu Licht
Verwandelt wird.

ELISABETH BORCHERS

Das Begräbnis in Bollschweil

Wenn jemand gestorben ist,
den wir gut kannten,
prüfe ich unser Gedächtnis.
Es taugt nichts,
stelle ich fest.
Es ist nicht haltbar.
Wir sind bald verloren.

Wir nehmen den Berg wahr mit erstem Schnee
und den Nebel im Feld
und finden das passend und schön.
Unsere Bedürfnisse sind einfach und stark,
wir frieren, haben Hunger und Durst
und einen nächsten Termin.

Zwischen uns die kleinen langsamen Gespenster.

SARAH KIRSCH

Reisezehrung

Ich mußte eine Menge Zaubersprüche lernen
Mit großer Kühnheit im preußischen Wald
Pentagramme kritzeln das kleine Land
Bei Nacht und Nebel verlassen die Könige auch
Und wieder frei sein.
Die grauen Feldjäger die fleißigen Flurhüter
Hatten das Nachsehn. So halten sie mir
Heute und morgen den Schlagbaum geschlossen.

Ich gedenke nicht am Heimweh zu sterben.
Unauslöschlich hab ich die Bilder im Kopf
Die hellen die dunklen. Ich kann in Palermo sitzen
Und doch durch Mecklenburgs Felder gehn
Auf gelben Stoppeln schwenkt mir der Bauer den Hut.
Die Schwalben stürzen und steigen vorm Fenster
Vertraute Schatten, sie finden mich
Wo ich auch bin und ohne Verzweiflung.

HANNAH ARENDT

W. B.

Einmal dämmert Abend wieder,
Nacht fällt nieder von den Sternen,
Liegen wir gestreckte Glieder
In den Nähen, in den Fernen.

Aus den Dunkelheiten tönen
Sanfte kleine Melodeien.
Lauschen wir uns zu entwöhnen,
Lockern endlich wir die Reihen.

Ferne Stimmen, naher Kummer –:
Jene Stimmen jener Toten,
Die wir vorgeschickt als Boten
Uns zu leiten in den Schlummer.

MARIE VON EBNER-ESCHENBACH

Das Schiff

Das eilende Schiff, es kommt durch die Wogen
Wie Sturmwind geflogen.

Voll Jubel ertönt's vom Mast und vom Kiele:
»Wir nahen dem Ziele.«

Der Fährmann am Steuer spricht traurig und leise:
»Wir segeln im Kreise.«

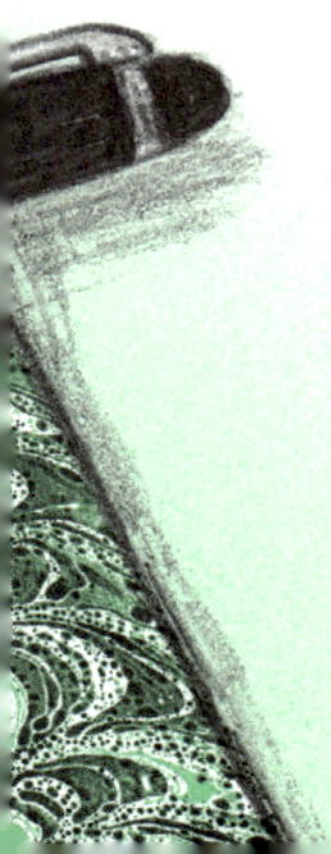

TEXTNACHWEISE

Ilse Aichinger (1921-2016), Gebirgsrand, S.14, aus: Ilse Aichinger, Verschenkter Rat, © 1978, S. Fischer Verlag GmbH, Frankfurt am Main

Lou Andreas-Salomé (1861-1937), Lebensgebet, S.62, aus: Lou Andreas-Salomé, Im Kampf um Gott, Roman, herausgegeben und mit einem Nachwort von Hans-Rüdiger Schwab, Deutscher Taschenbuch Verlag, München 2007

Anonyma, Dû bist mîn (12. Jh.), S.15, aus: Des Minnesangs Frühling, unter Benutzung der Ausgaben von Karl Lachmann und Moritz Haupt, Friedrich Vogt und Karl von Kraus, herausgegeben von Hugo Moser und Helmut Tervooren, Hirzel Verlag, Stuttgart 1988

Hannah Arendt (1906-1975), W. B., S.86, aus: Hannah Arendt, Ich selbst, auch ich tanze, Die Gedichte, Piper Verlag, München 2015

Rose Ausländer (1907-1988), Paul Celans Grab, S.72, aus: Rose Ausländer, Im Aschenregen die Spuren deines Namens. Gedichte und Prosa 1976, © 1982 S. Fischer Verlag GmbH, Frankfurt am Main

Ingeborg Bachmann (1926-1973), An die Sonne, S.31, aus: Ingeborg Bachmann, Werke, Band 1, herausgegeben von Christine Koschel, Clemens Münster, Inge von Weidenbaum, Piper Verlag, München 1978

Elisabeth Borchers (1926-2013), Das Begräbnis in Bollschweil, S.84, aus: Elisabeth Borchers, Gedichte, ausgewählt von Jürgen Becker, Suhrkamp Verlag, Frankfurt am Main 1976

Friederike Brun (1765-1835), Ich denke dein, S.71, aus: Friederike Brun, Gedichte, herausgegeben von Friedrich Matthisson, Zürich 1798

Elise Bürger (1769-1833), Mädchen-Tändelei, S.43, aus: Elise Bürger,

Gedichte, Reise-Blätter, Kunst- und Lebens-Ansichten, Bd. 1: Gedichte, Hamburg 1812

Ada Christen (1839-1901), »Dein Vers hat nicht das rechte Maß«, S. 64, aus: Ada Christen, Lieder einer Verlorenen, Hamburg 1868

Hilde Domin (1909-2006), Nur eine Rose als Stütze, S. 24 aus: dies., Gesammelte Gedichte, © S. Fischer Verlag GmbH, Frankfurt am Main 1987

Annette von Droste-Hülshoff (1797-1848), Am Turme, S. 8, aus: Annette von Droste-Hülshoff, Sämtliche Werke in zwei Bänden, herausgegeben von Bodo Plachta und Winfried Woesler, Deutscher Klassiker Verlag, Frankfurt am Main 1994

Marie von Ebner-Eschenbach (1830-1906), Das Schiff, S. 88, aus: Marie von Ebner-Eschenbach, Sämtliche Werke in acht Bänden, Band 4, Verlag Gebr. Paetel, Berlin 1920

Magdalene Philippine Engelhard (1756-1831), Mädchenklage, S. 45, aus: Gedichte von Philippine Engelhard geborene Gatterer, zweite Sammlung, Göttingen 1782

Elfriede Gerstl (1932-2009), Wer ist denn schon bei sich, S. 69, aus: Elfriede Gerstl, neue wiener mischung, aus: Elfriede Gerstl, Behüte behütet, Werke Bd. 2, © Literaturverlag Droschl 2013, S. 106

Karoline von Günderrode (1780-1806), Die eine Klage, S. 16, aus: Karoline von Günderode, Gedichte, herausgegeben und mit einem Nachwort versehen von Franz Josef Görtz, Insel Verlag, Frankfurt am Main 1985

Emmy Hennings (1885-1948), Im Krankenhause, S. 58, aus: Emmy Hennigs, Werke und Briefe, kommentierte Studienausgabe, herausgegeben von Nicola Behrmann, Simone Stumpf, Louanne Burkhardt, Bd. 3: Gedichte, Wallstein Verlag, Göttingen 2020

Luise Hensel (1798-1876), Nachtgebet, S. 34, aus: Geistlicher Blumenstraußaus spanischen und deutschen Dichter-Gärten, den Freunden der christlichen Poesie dargeboten von Melchior Diepenbrock, Sulzbach 1829

Ricarda Huch (1864-1947), Nicht alle Schmerzen, S. 66, aus: Ricarda Huch, Werke, Band 5, herausgegeben von Wilhelm Emrich, Verlag Kiepenheuer & Witsch, Köln 1991

Maria Janitschek (1859-1927), Ein modernes Weib, S. 74, aus: Maria Janitschek, Irdische und unirdische Träume, Gedichte, Berlin / Stuttgart 1898

Mascha Kaléko (1907-1975), In dieser Zeit, S. 7, aus: Mascha Kaléko, Mein Lied geht weiter, © 2017 dtv Verlagsgesellschaft mbH & Co. KG, München

Marie Luise Kaschnitz (1901-1974), Hiroshima, S. 49, aus: Marie Luise Kaschnitz, Gesammelte Werke, herausgegeben von Christian Büttrich und Norbert Miller, Bd. 5: Die Gedichte, Insel Verlag, Frankfurt am Main 1985

Sarah Kirsch (1935-2013), Reisezehrung, S. 85, aus: Sarah Kirsch, Erdreich © 1986, Deutsche Verlags-Anstalt, München in der Penguin Random House Verlagsgruppe GmbH

Gertrud Kolmar (1894-1943), Abschied, S. 19, aus: Gertrud Kolmar, Gedichte, Auswahl und Nachwort von Ulla Hahn, Suhrkamp Verlag, Frankfurt am Main 1983

Hertha Kräftner (1928-1951), Abends, S. 11, aus: Hertha Kräftner, Das blaue Licht, Lyrik und Prosa, herausgegeben von Otto Breicha und Andreas Okopenko, Nachwort von Peter Härtling, Luchterhand Verlag, Darmstadt und Neuwied 1981

Justine Wilhelmine Krufft (um 1775-1832), Mädchenklage und Mädchentrost, S. 53, aus: Lyrische Anthologie, 17. Teil, herausgegeben von Friedrich Matthison, Zürich 1806

Else Lasker-Schüler (1869-1945), Ein Liebeslied, S. 67, aus: Else Lasker-Schüler, Werke und Briefe, Band 1: Gedichte, herausgegeben von Norbert Oellers und Hans-Jürgen Skrodzki, Jüdischer Verlag im Suhrkamp Verlag, Frankfurt am Main 1996

Christine Lavant (1915-1973), Wie gut, S. 51, aus: Christine Lavant, Zu Lebzeiten veröffentlichte Gedichte, herausgegeben und mit einem Nachwort von Doris Moser und Fabjan Hafner © Wallstein Verlag, Göttingen 2014

Mechthild von Magdeburg (um 1207-1282), Die Wüste hat zwölf Ding, S. 70, aus: Mechthild von Magdeburg, Das fließende Licht der Gottheit, herausgegeben von Gisela Vollmann-Profe, Verlag der Weltreligionen, Berlin 2010

Friedrike Mayröcker (1924-2021), An eine Mohnblume mitten in der Stadt, S. 56, aus: Friederike Mayröcker, Gesammelte Gedichte 1939-2003, herausgegeben von Marcel Beyer, Suhrkamp Verlag, Frankfurt am Main 2003

Sophie Mereau (1770-1806), Feuerfarb, S. 12, aus: Sophie Mereau-Brentano, Ein Glück, das keine Wirklichkeit umspannt, Gedichte und Erzählungen, herausgegeben von Katharina von Hammerstein, Deutscher Taschenbuch Verlag, München 1997

Inge Müller (1925-1966), Frau am Pranger, S. 61, aus: »Frau am Pranger« aus: Inge Müller, Wenn ich schon sterben muß, Gedichte, herausgegeben von Richard Pietraß, © Aufbau Verlage GmbH & Co. KG, Berlin 1985, 2008 (Die Originalausgabe erschien erstmals 1985 im Aufbau-Verlag, Berlin und Weimar)

Christa Reinig (1926-2008), Die Ballade vom blutigen Bomme, S. 78, aus: Christa Reinig, Die Prüfung des Lächlers, Gesammelte Gedichte, Deutscher Taschenbuch Verlag, München 1980

Nelly Sachs (1891-1970), Ihr Zuschauenden, S. 82, aus: Nelly Sachs, Werke, kommentierte Ausgabe in vier Bänden, herausgegeben von Aris Fioretos, Band 1: Gedichte 1940-1950, herausgegeben von Matthias Weichelt, Suhrkamp Verlag, Berlin 2010

Sibylla Schwarz (1621-1638), Liebe schont der Götter nicht, S. 52, aus: Gedichte des Barock, herausgegeben von Ulrich Maché und Volker Meid, Reclam Verlag, Stuttgart 1980

Emilie Juliane von Schwarzburg-Rudolstadt (1637-1706), Ein Danck-Lied der Mutter, S. 40, aus: Geistliches Weiber-Aqua-Vit., Rudolstadt 1683

Dorothea Charlotte Spangenberg (1755-1808), Das Grab, S. 59, aus: Poetische Blumenlese, Göttinger Musenalmanach auf das Jahr 1782, Göttingen 1782

Sophie Tieck (1775-1833), Bilder der Kindheit, S. 27, aus: Musen-Almanach für das Jahr 1802, herausgegeben von August Wilhelm Schlegel und Ludwig Tieck, Tübingen 1802

Claire Waldoff (1884-1957), Wer schmeißt denn da mit Lehm?, S. 36, aus: Hoppla, wir beben, Kabarett einer gewissen Republik 1918-1933, Kleinkunststücke, Bd. 2, herausgegeben von Volker Kühn, Quadriga Verlag, Weinheim / Berlin 1988

Marianne von Willemer (1784-1860), Ach um deine feuchten Schwingen, S. 26, aus: Marianne und Johann Jakob Willemer, Briefwechsel mit Goethe, Dokumente, Lebens-Chronik, Erläuterungen, herausgegeben von Hans-Joachim Weitz, Insel Verlag, Frankfurt am Main 1965

Christiana Mariana von Ziegler (1695-1760), Das männliche Geschlechte, S. 21, aus: Christiana Mariana von Ziegler, Vermischte Schriften in gebundener und ungebundener Rede, Göttingen 1793

Unica Zürn (1916-1970), Ich weiss nicht, wie man die Liebe macht, S. 63, aus: Unica Zürn, Gesamtausgabe, herausgegeben von G. Bose und E. Brinkmann, Bd. I: Anagramme, © Berlin: Brinkmann & Bose 1988, S. 69

INHALT

Erste Auflage 2024. © Insel Verlag Anton Kippenberg GmbH & Co. KG, Berlin, 2024. Für die Illustrationen © Gerda Raidt, vermittelt durch die Agentur Susanne Koppe, Hamburg, www.auserlesen-ausgezeichnet.de. Alle Rechte vorbehalten. Wir behalten uns auch eine Nutzung des Werks für Text und Data Mining im Sinne von § 44b UrhG vor. Bezugspapier: Gerda Raidt. Gesetzt in der Schrift Minion Pro. Gedruckt auf holzfreies, alterungsbeständiges Werkdruckpapier der Firma LENK Paper Schleipen GmbH, Bad Dürkheim, von der Memminger MedienCentrum AG, Memmingen. Gebunden in Fadenheftung von der Conzella Verlagsbuchbinderei GmbH & Co. KG, Aschheim-Dornach. Dieses Buch wurde klimaneutral produziert: climatepartner.com/14438-2110-1001. Printed in Germany. ISBN 978-3-458-19538-2. www.insel-verlag.de